商业新闻出版公司和轻松读文化事业有限公司提供内容支持

# 长话要短说

轻松读大师项目部 编

中国言文出版社

**图书在版编目（CIP）数据**

长话要短说：大字版/轻松读大师项目部编．—北京：中国盲文出版社，2019.12

ISBN 978-7-5002-8594-6

Ⅰ.①长…　Ⅱ.①轻…　Ⅲ.①语言艺术—通俗读物　Ⅳ.①H019-49

中国版本图书馆 CIP 数据核字（2018）第 231115 号

本书由轻松读文化事业有限公司授权出版

长话要短说

编　　者：轻松读大师项目部
责任编辑：李刚
出版发行：中国盲文出版社
社　　址：北京市西城区太平街甲 6 号
邮政编码：100050
印　　刷：北京建筑工业印刷厂
经　　销：新华书店
开　　本：787×1092　1/16
字　　数：85 千字
印　　张：13
版　　次：2019 年 12 月第 1 版　2019 年 12 月第 1 次印刷
书　　号：ISBN 978-7-5002-8594-6/H·186
定　　价：42.00 元
销售热线：（010）83190297　83190289　83190292

# 出版前言

数字文明为我们求知问道、拓展格局带来空前便利，同时也使我们深受信息过剩、知识爆炸的困扰。面对海量信息，闭目塞听、望洋兴叹固非良策，不分主次、照单全收更无可能。时代快速变化，竞争不断升级，要想克服本领恐慌，防止无知而盲、少知而迷，需尽可能将主流社会的最新智力成果内化于心、外化于行，如此才能更好地顺应时代，提高成功概率。为使读者精准快速地把握分散在万千书卷中的新理念、新策略、新创意、新方法，我们组织编写了这套“好书精读丛书”。

这套书旨在帮助读者提高阅读质量和效率。我们依托海内外相关知识服务机构十多年的持续积累，博观约取，从经济管理、创业创新、投资理财、营销创意、人际沟通、名企分析等方面选取数百种与时俱进又经世致用的好书分类整合，凝练出版。它们或传播现代经管新知，或讲授实用营销技巧，或聚焦创新创业，或分析成功者要素组合，真知云集，灼见荟萃。期待这些凝聚着当代经济社会管理创新创意亮点的好书，能为提升您的学识见解和能力建设提供优质有效便捷的阅读资源。

聚焦对最新知识的深度加工和闪光点提炼是这套书的突出特点。每本书集中解读4种主题相关的代表性好书，以“要点整理”“5分钟摘要”“主题看板”“关键词解读”“轻松读大师”等栏目精炼呈现各书核心观点，崇真尚实，化繁为简，您可利用各种碎片化时间在赏心悦目中取其精髓。常读常新，明辨笃行，您一定会悟得更深更透，做得更好更快。

好书不厌百回读，熟读深思子自知。作为精准知识服务的一次尝试，我们期待能帮您开启高效率的阅读。让我们一起成长和超越！

# 目　录



要成为优秀的演讲家，并且与听众真正打成一片，就必须先学习讲故事的技巧。巧妙编排故事是传达具体内容的最佳方法之一，故事能够帮助人们与你说的话产生联系，是连接发言者和听众的桥梁。如果你开始说故事，并且真正乐在其中、尽情发挥时，便能吸引听众的注意力，让他们完全融入情境。那就是你要的——得到听众的全部注意力。

乔布斯每一次的演讲，都是一场精心设计的表演，灯光、剧本、场景、表演人员等元素都经过悉心准备。美国《商业周刊》分析了乔布斯的重要演讲，总结出乔布斯的10个演讲技巧，即围绕主题、展现热情、列出大纲、提供有意义的数字、打造令人难忘的时刻、视觉化的呈现、演讲就是一场表演、不要因为小错误而坏了大局、推销产品的好处以及不断练习。只要善用这些技巧，每个人都可以拥有像乔布斯那样出色的演讲能力。

假设哪天你在电梯里巧遇一位重要人物，例如潜在的投资人、值得请教的前辈或是非常想拜访的客户，你该如何善用这短短几分钟的时间，将内心酝酿已久的想法浓缩成精华，以简洁有力的方式让对方接收到重点？这就涉及电梯汇报术。电梯汇报不只局限于电梯，可用于各种在公共场合的不期而遇。一定要谨记，电梯汇报的目标不是要直接达成最后的协议或交易，而是要引起听众的兴趣，促成双方的下一次碰面。

长话要短说就是落实“精实沟通”，即把沟通视为一个过程，消除不必要的浪费，以最好品质、最低成本、最快速度，在适当场合提供最有效的沟通。一旦学会简单清楚地解释一件复杂的事情，你就会更有说服力并且更具可信度。如约瑟夫·麦考马克所说，你在想要多说一些的时候，要下决心少说一些。能在这种欠缺注意力的经济环境中胜出，甚至茁壮成长的人，都是精通精实沟通的高手。他们脱颖而出，让自己的想法被看到、被听到，从而使他们的公司获得成功。

# 超级演讲家

如何使你的商业演讲更具吸引力

# Never Be Boring Again

Make Your Business Presentations Capture

Attention, Inspire Action and Produce Results

# 原著作者简介

道格·史蒂文森(Doug Stevenson)，曾是好莱坞演员，不定期担任电台DJ，并成立自己的房地产经纪公司。史蒂文森自1990年开始教授商业演讲技巧，至今已是知名的公众演讲教练、撰稿人及商业演讲顾问。史蒂文森的专利演讲方法论——故事戏剧理论，目前在全球已被数千客户采用。

本文编译：陈智文

# 主要内容

# 故事戏剧理论

史蒂文森自创并强力推广的故事戏剧理论，是一项有趣且富创意的口头演讲技巧。故事戏剧理论的功用在于，教导演讲人如何通过讲故事的幽默方式，在一场演讲中完美地呈现出自己的领导能力。

简言之，故事戏剧理论就是演讲人利用音调的高低、语调的快慢、丰富的肢体语言、声光效果等来完成一次故事性的演讲。这是一项大工程，如果演讲人能下足功夫，就能引领听众进入自己预设的演讲情境，将演讲内容消化吸收；演讲人也能与听众产生良好的互动与共鸣，进而影响听众，达到演讲的目的。

一个好的故事通常包含九大构成要素：

长话要短说

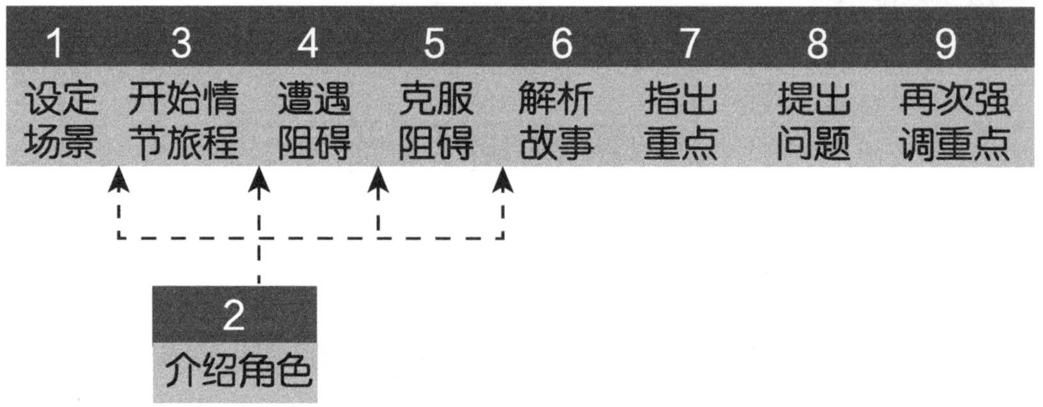

# 名言佳句

名言佳句（Sound Bite），非常精简、顺口有力，并且可以清楚表达发言者所要传达的内容，多半用在口号、标语及媒体运用的广告词中，方便听众接收信息后可以立即消化吸收、加深印象以及产生共鸣。此外，在美国，Sound Bite 是用于选举中的术语，意指候选人在电子媒体中安插的小片段，最长不超过 15 秒，内容多为介绍候选人及他们的演讲内容节录等。

5分钟摘要

# 商业演讲的关键技巧

要想让商业演讲变得生动活泼，关键在于先说一个能够阐述生活意义、动人且巧妙的故事。要成为优秀的公众演讲家，并且与听众真正打成一片，就必须先学习讲故事的技巧。

很显然，巧妙编排故事是传达具体内容的最佳方法之一。故事可以帮助人们与你说的话产生联系，是连接发言者和听众的桥梁。讲故事时，听众会被你说的话吸引，并想象故事与他们有何关联，把全部注意力放在你身上。

提升讲难忘故事的能力，能够终结商业演讲的枯燥乏味。

讲完故事之后你才能结束发言。

当你开始讲故事，并且真正乐在其中、尽情发挥时，你便能吸引听众的注意力，让他们完全

融入情境。那就是你想要的——得到听众的全部注意力。为了抓住他们的注意力，你就必须准备更好的内容给他们听，而讲故事就是传达内容的最佳方式之一。利用经过巧妙编排的故事，是征服抗拒型听众的关键。如果你必须传达一个坏消息，那么可以分享一则故事，这样即使听众不喜欢这个坏消息，但仍然愿意了解并且试着接受它。

# 一　讲故事为演讲带来的好处

故事可以丰富你的演讲内容，并提升你作为发言者的信赖度。使用故事是帮助大家了解并且接受新构想或新方案的绝佳方法。更好的是，故事能让抽象的商业概念变得真实，能帮助听众消化吸收你说的所有信息。

在适当的商业环境中，使用故事有以下8个好处：

（1）故事可以让人们同时运用左右脑的功能——故事结合理智的刺激（诉诸逻辑的左脑）和情感的刺激（诉诸情感的右脑）以传达构想，再结合经过筛选的故事和各项事例及数据，就能说服他人。

（2）故事以3种不同的学习方式，对人们产生同样的影响：

◎听觉型学习者，从你讲故事时不断变化的音量、节奏、音调及声音强度中学习。

◎视觉型学习者，能够想象你所叙述的画面，因为你会表演故事的内容。

◎参与型学习者，将会重新经历你所描述的情境，并且在你讲完故事后希望与你讨论各种构想。

（3）故事给商界专业人士提供了发挥原创力的机会——特别是使用故事能够让熟悉的信息变得新奇且具有启发性。

（4）故事能让听众立即对你产生信赖——因为你已经说服听众，让他们相信，你确实知道自己在说什么。只要身为商业领导者的你能利用精心选择的故事，而不是丢出一长串枯燥的事例和数据，就会立刻使听众对你产生好感。

（5）故事会邀请听众参与——听众可以完全沉浸在伟大的故事中，感同身受，这样便不会分散注意力或感到烦闷。

（6）故事创造出彼此联系和相互了解的桥梁——因为故事具有某种能力，有助于将官方数字人性化，方便大家讨论共同的挑战，并协助听众接纳你成为他们中的一分子。精彩的故事能够增加演讲人的亲和力，拉近演讲人与听众之间的距离。故事也能让在组织中扮演不同角色的各个成员打破彼此间的藩篱。

（7）好故事能帮助你在自己擅长的领域建立起专家形象——你是从亲身经历中学到的经验，并且希望与他人分享，从而帮助有相同困扰的人解决问题。

（8）策略性地讲故事能突显你的与众不同，增加竞争优势——如果你能讲得一嘴好故事，自然会成为优秀的沟通者；如果你是个优秀的沟通者，就能清楚地传达你的构想，并且说服别人去接受。如果能够做到这点，遇到晋升的机会时，你就会被列入优先考虑的名单。成为优秀的讲故

事者，就会开启一个能带来许多其他附加利益的良性循环。

## 关键思维

我们经由故事了解人类生活的每一件事。

——萨特，法国著名哲学家

现实留下许多想象的空间。

——约翰·列侬，披头士乐队成员

如果你认真看待自己的事业，认真培养自己创作并传达有意义故事的能力，那么就是对个人事业最好的投资。

——道格·史蒂文森

如果你能寻找日常故事，然后将这些故事改造成有意义的观点，那么你就是一位商业讲故事者。你踏上了成功的捷径，因为你了解身边许多人不了解的事——故事是传达具体内容的最佳方式。

——道格·史蒂文森

故事强化了我们与听众的联系，并帮助他们了解我们提供的信息。

——道格·史蒂文森

从人诞生到这个地球开始，沟通便成了影响我们和其他人创造何种关系以及人生会有何种际遇的重要因素。

——沙提尔，心理学家

# 二　故事戏剧理论——让你的演讲生动起来

伟大的故事就应该是地方剧院上演的一出令人难忘的独角戏。你不只是要把故事讲出来，而且还必须以戏剧的方式呈现出来，在情节中穿插各种能带动情绪的肢体动作，从而让故事在听众心中鲜活起来。

故事戏剧理论，就是在好故事中加入适当的表演，让故事表现出生命。只要能巧妙运用下列两项要素，你的故事便能令人难忘。

让故事变生动的关键是“看似真诚坦率，实则连哄带骗”。

**关键思维**

不要重述，要再次经历。

——海克勒，讲故事大师

换句话说，身为演讲人，当你利用声调变化、面部表情、姿势和肢体动作生动地改造自己的故事，故事就会再度鲜活起来。如果你能用吸引人的方式把故事呈现出来，犹如正经历故事一样，听众就会随着你的述说踏上一段想象之旅，如同身临其境。

好故事都有完整的结构，有逻辑地从 A 点达到 B 点。准备讲故事之前，检查你的故事是否具备下列 9 项关键要素：

（1）设定场景并创造故事架构——生动地描述故事发生的时间、地点、环境或时代。这个部分是希望提供给听众足够的细节，以便他们了解故事的背景。

（2）介绍角色——描述各个角色的外在特

色、独特性格、不同服饰、与演讲人的关系，或任何能让角色在听众心中留下鲜活印象的其他细节。要帮助听众了解他们的动机。

（3）开始情节的旅程——通常涉及离开舒适安全的环境，踏入未知的领域。这时，你必须描述一个起点，故事主角准备接受某项挑战，因而展开一项计划或行动。身穿闪亮盔甲的骑士，总是出城拯救落难的少女。

（4）遭遇阻碍——可以是某个人、某个困难的决定、具体的或心理上的阻碍、个人挑战等等。这是故事中最刺激的部分，所以尽量让这个阻碍充满戏剧张力。遭遇阻碍是故事开始铺展的地方，因此要在听众的心中营造生动而深刻的印象，并且让阻碍接踵而来，以增加故事张力。

（5）克服阻碍——做出某件出乎意料或非比寻常的事。这时的情节设计，是要为故事真正所传达的重点埋下伏笔。因此，你会发现克服困阻的历程，其实就是你想要教授给大家的有效行为模式。

(6)解析故事——让听众了解解决困难的过程与脉络。归纳整理所有繁琐的细节，以帮助听众厘清故事中所有相关角色与情节的发展。

(7)指出重点——厘清故事所要传达的寓意，避免听众产生任何困惑，这时所谈的重点必须遵循故事的推演。将重点简化到只有一个关键教训，即使故事中还能提供其他教训。人们不会记住一个以上的重点，所以不要让他们产生困惑。

(8)提出问题——把焦点放在听众是否碰到过同样的情况。利用问题，让听众将类似的遭遇投射到故事的情节上，给他们几秒钟考虑自己的反应、写下自己的想法，或者你甚至可以开放讨论。

(9)令人印象深刻的结语——将你的行动口号，精简成能够让听众铭记在心的一句话。这句话是“金玉良言”，例如“坚忍不拔”，或“唯有择善固执、忍痛前进，才能获得成功”。

要想成功运用这9项要素，就必须注意：

◎演讲的态度必须永远保持真诚。不要试图隐藏真实的自我，要尽可能发挥自己的特质。不论面对团体还是一对一的互动，都要保持一贯的态度。

◎记住，你必须把想要传达的信息具体化，才能让信息生动有趣地呈现出来。对表达方式所付出的心力，要超过对内容的设计。你的听众已经相信你会有值得一听的内容，而你面临的真正挑战在于将内容生动地呈现在每一位听众面前。

◎选择故事内容的基础应该是，以你想要表达的内容为重点，而不是考虑听众想听什么。在这种情况下，你才能有勇气以热情和坚定的信念说出自己的心声，从而赢得听众的尊敬。

◎永远记住，不论面对任何听众，总会有一定比例的人因为各种理由不喜欢你，这是你无法控制的，因为这些反应都是非理性的。因此，不要尝试讨好每一个人，相反，你应该有“双方各自恪尽职责扮演好自己角色”的心态。仔细准备，然后用坚定的信念传达你的内容，听众会尊敬这种态度。

◎一旦开始演讲，就不要再担心内容是否正确。相信你自己，并且相信你的准备，然后顺其自然。专注于发挥自己最好的一面，其他一切自然会水到渠成。

| 要　素 | 故　事 | 戏　剧 |
| --- | --- | --- |
| 1. 设定场景 | 最近我有幸在堪萨斯市郊的欧弗兰公园发表演讲，题目“改变的正面力量——克服困难”。我通常会提前一天飞抵演讲地点，但由于那场演讲的时间是晚上 8 点，我认为当天飞过去即可。 | ■先和听众交谈，然后顺势设定场景。 |

| 要　素 | 故　事 | 戏　剧 |
| --- | --- | --- |
| 3. 开始情节<br>旅程 | 要到堪萨斯市，我必须从科罗拉多州飞到欧哈尔转机，第一趟飞机准时起飞，但在欧哈尔降落后，我发现转接的班机延迟了一个钟头。 | ■表演查看起飞时间表的样子，然后看看自己的手表核对时间。 |
| 4. 遭遇阻碍 | 当我在欧哈尔转接的班机第二度、第三度延迟后，我开始紧张起来。因为现在预计抵达堪萨斯市的时间是下午5点15分，我只有15分钟的时间下机、取行李，然后到路边搭出租车，这样实在太赶了！ | ■表演发现班机再度延迟的震撼。通过扭曲着双手、来回踱步来表现焦虑。 |
| 5. 克服阻碍 | 飞机终于降落了，我绝望地奔向行李旋转架，一只眼睛注意着我的行李，另一只则盯着外面的车辆。行李终于出现，我拉了行李便急忙跑出航站楼，却看到我要搭乘的接驳巴士停也 | ■表演下飞机时乘客从头顶上的柜子取出行李。 |

| 要　素 | 故　事 | 戏　剧 |
| --- | --- | --- |
| | 不停地开走了。这下真的糗大了！我搞砸了，完全没希望了。我开始想找出任何该为此负责的人，但突然间想起：我正准确发表一场有关克服改变的演讲。因此我开始考虑，这个情况带来了什么机会？然后，突然间，我发现面前正好有一辆白色加长型的礼车，我心想：管他的！ | ■表演站着等候行李出现，同时又得注意航站楼外交通状况的模样。 |
| 2. 介绍角色 | 礼车的司机就站在他的车外，他是个矮小秃头的男子，有着粗壮的脖子和圆胖的双手。 | |
| 6. 解析故事 | 我说："抱歉，先生，你有可能会经过欧弗兰公园吗？我刚才错过了接驳车，我必须到那里发表演讲，这是紧急情况，你能帮忙吗？"他说："你很幸运，朋友。我的 | ■用急速、紧张的语气说出自己这一部分的对白。 |

| 要素 | 故事 | 戏剧 |
| --- | --- | --- |
| | 乘客似乎没搭上他的班机，我可以载你一程，上车吧！”在途中他又说：“老兄，如果你搭上接驳车，你还是会迟到，因为接驳车在到达之前还要停靠另外九家饭店。”他把我送抵目的地的时间是5点59分，演讲也进行得非常顺利。 | ■用不同的声音扮演司机这一部分的对话。 |
| 7. 指出重点 | 现在回想起来，当时我太忙着抱怨错过的巴士，以致忽略了停在眼前的礼车。我必须转移自己的焦点才能看到解决问题的方法。 | ■直接对听众说。 |
| 8. 提出问题 | 你是否曾经感到自己面临生活或事业的严酷考验？你是否曾经感到自己搞砸了一切，完全无力挽回？如果你的思考够灵活，改变可以是让 | ■直接对听众说。 |

| 要　素 | 故　事 | 戏　剧 |
| --- | --- | --- |
| | 更美好事物降临的机会。然而，你必须有足够的韧性看到解决方案而不只是问题，这种机会才会出现。你必须“寻找你的礼车”。 | ■在故事结束后强调你的重点，提供任何可以强化听众记忆的协助，但不要在故事结束之前去强调重点。 |
| 9. 再次强调重点 | 生活中，专心投入某件事必能有所得。所以要把力气用在解决问题的方法上，而不是你的问题上。要寻找你的礼车。 | |

# 三 寻找好故事并合理运用

讲故事能提升你扮演领导者的说服力，因此，有组织地搜集并选择想要采用的故事是有必要的。建立一个在必要时刻可及时取用的、个人专属的精彩故事资料库。

要寻找好的故事，首先应该从你家的“后院”找起；或者换一种说法，就是从自己的经验中挖掘宝贵的教训作为故事来源。如何选择故事？可以采用下列5个准则：

（1）寻找有生动细节的故事——这些故事能让你回想起所有精彩的片段和细节，增添故事的趣味。

（2）故事一定要能教会你某些事情——或帮助你理解某件事，或因此顿悟了某些道理。

（3）故事必须适合商业场合——也就是不能

显露令人尴尬的细节。

（4）故事必须有启发性——并且提醒听众，只要有正确的心态，生命就是美好的。

（5）你必须喜欢讲这个故事——如此你才能在讲故事的过程中加入活力和乐趣。

如果你想不到自己有哪些故事符合这些标准，那么可以利用其他资源寻找可用的故事：

◎书本，尤其是轶事趣闻或励志书籍。

◎报纸文章。

◎名人传记或借用别人的真实生活故事。

◎引文或口述书籍。

大多数用在商业场合的故事，情节中都会包含在重要的转折点作出困难的决策。商业故事通常有以下 7 种基本类型：

（1）小品故事——针对特定重点，在一分钟之内说完的短篇故事。

（2）严酷考验的故事——有关人们面对严酷考验或克服极端困境的故事，这些考验通常被视

为对人性情操的试炼。

（3）纠纷故事——因为误解而导致陷入令人尴尬的困境。如果你无意间陷入严重的麻烦，那么你就有制造一个精彩、有趣故事的机会。听众就是喜欢演讲人用尴尬但诚实的故事嘲弄自己。不要过度矫饰真实的情况。

（4）智慧故事——出自《圣经》、民间故事、神话的智慧寓言故事。

（5）提高可信度的事——可使用任何新闻故事或国际事件去说明你试图表达的观点。

（6）模范故事——中心思想会在几年之后通过不同的情况来显现。

（7）教学故事——一般都采取叙事体，并且围绕讲故事和评论故事中学到的教训展开情节。好的教学故事通常也会包含听众的互动和回应。

讲故事时，可以互相穿插搭配不同类型的故事。在 60 分钟的演讲时间内，你或许会使用到全部 7 种故事的类型，如此才能吸引所有不同人格特质的听众。以下所列的注意事项可以帮着增强故事效果：

（1）要知道什么时候是使用第一人称讲故事的最佳时机，何时又应该采用第三人称来讲故事。一般来说，最专业的演讲人愿意采用第一人称讲故事，阐述重要的观点，这或许是你可以仿效的好形式。

（2）以正直和公平的心态来使用诉诸情感的故事。演讲人不应该利用这种故事操弄听众，而是应该帮助听众了解他们真正的感受。

（3）别担心把自己的故事搬上台面就显得太自恋，你应该花些工夫聪明地创作自己的故事，但也不必太过感性。只要你有技巧地去表达，每件事都会顺利达成。

（4）诚实是建立事业的基础。和别人分享你从亲身经历中得到的教训，避免扭曲事实。谈谈你是如何克服困难的，人们会因为你的努力而尊敬你。永远记得问自己：“如果大家知道实情，

发现我说的事情全部只是虚构的，我会不会感到难为情？”

（5）试着让你的演讲内容能够更符合世人都认可的真理，如：

◎诚实是最好的策略。

◎有付出必将有所得。

◎改变你的想法就能改变你的人生。

◎在离开第一层级之前，你是无法更上一层楼的。

◎要想得到好结果，胡萝卜（赏）会比棍子（罚）管用。

◎“观其行”比“听其言”更能让人了解你。

◎时间能治愈所有伤口。

（6）有时候，指出某个普遍认可的但又是真理之外的例子，也能让你的演讲令人难忘。

## 关键思维

命运非关际遇，而是在乎选择；我们不该消极地接受命运，而应该积极地去实现。

——布莱恩，美国前国务卿

进行训练时，故事是帮助听众理解抽象观念最好的方式，故事能帮助他们接受一个新构想或新行动方案。故事将不容易理解的想法带进真实的世界，使人们得以了解。听众看到你已经把想法说出来，并将其转化为具体的行动，此时的他们就不只是听你说些什么，而且还会把你说的话消化吸收，成为自己想法的一部分。

——道格·史蒂文森

# 四　撰写引人入胜的故事并产生最大的影响

讲故事的目的不是娱乐，而是吸引听众的注意、激发行动并制造结果。唯有以创造最大影响的方式撰写并讲述故事，才能实现这个目标。

撰写故事以发挥最大影响的主要原则是：

（1）以自己平常说话的方式写故事——也就是用你日常对话的语言，而不必严格遵守起承转合的作文规范。如果实在做不到，录下自己的话，然后逐字写下，不做任何改正或变更。

事实上，如果你真的想创作伟大的故事，则必须做到以下几点：

◎先写下初稿，试着记录所有故事的情节。

◎利用好故事结构的九项关键要素，写下第二份草稿。

◎在第三份草稿中加入各项细节，修饰并丰

富整个故事。

◎写下第四份稿子，也就是终稿，大声朗读并修改拗口的地方，直到文章变得通顺为止。

（2）投入必要的时间，创作令人信服的故事——用手边的辞典检查整篇故事，选择最生动鲜明的字眼。这么做确实痛苦且费时，所以要有耐心，并保证自己有足够的时间来好好完成。

（3）选择一个关键的“代表句”，为信息标上印记——这句话是指在你讲完故事后，仍在听众心中萦绕很久的“名言佳句”。你必须给听众唯一的一个关键思维，让他们对别人叙述你的演讲时能派得上用场。一句响亮的“代表句”能在听众心中回响数周甚至数月。

如何选择一句好的“代表句”？以下方法可供借鉴：

◎选出浓缩信息的句子。

◎保持简单——每则故事只用一句话。

◎简短悦耳——字越少越好。

◎押韵脚——例如“说到做到”。

◎使用与故事相关的基本词汇。

◎押头韵——如“今日事，今日毕”。

◎化成一句行动口号——如“掌握今天”。

◎最重要的是，让这句话令人难以忘怀。

（4）密切注意如何连接开场白、结尾和转折——因为信息串联的方式会影响故事的效果。如果用引人入胜的故事作为演讲的开场白，听众就会感到十分惊喜。你也可以尝试用故事作结尾，让听众带着受启发的高昂情绪离开。在演讲过程中，利用下列的桥段流畅地从一点移到另一点：

◎“既然我们已经说到那一点，就让我们进入……”

◎“说到＿＿＿＿＿＿，还有另一个有趣的观点。”

◎“你或许会纳闷这和你有何关系，其实……”

◎“既然你们都了解了，接下来我们继续讨论……”

◎“现在，为了继续前进到下一步，我们应该……”

（5）创造一些听众真正关心的角色——在个别角色中混合某些视觉和听觉的线索。换句话说，不要只是套用一般对故事角色的描述，而应该使用具体的字眼，帮助听众想象不同角色、不同的能力和行为特色。要做到这一点，必须能抓住下列要点：

◎描述角色的外在特征。

◎加入他们情感性格的信息。

◎说明他们的某些怪癖和个人特征。

◎生动地描述他们如何开车、走路、说话、吃东西等等。

◎利用隐喻的方式。

◎使用“老大哥”等称谓来描述人际关系。

◎实际表演他们的部分习惯动作。

（6）加入一些喜剧元素让听众在笑声中学习——原因很简单，如果想要抓住听众的注意力，你就必须妙趣横生。人们在大笑时，才会感觉更好。要提升故事的幽默感，必须做到以下几点：

◎要能说出出乎听众预料的诙谐之语或惊喜之事。

◎将平常不相关的事情联系到一起。

◎利用幽默的转折打破寻常模式。

◎利用自嘲式的幽默。

◎用夸大手法创造诡异的情况。

◎调侃某位公司的关键人物。

◎用父母对孩子说话的惯用语。

（7）利用戏剧的概念构筑一个关键的结局——详细描述你面对生活困境或工作阻碍时的感受。因为你敢于展现最真实的自己，愿意表露自己在面对重大危机时的感受，所以听众对你所承受的极端痛苦以及胜利的喜悦也能感同身受。

要在演讲中建立戏剧感，必须先周详地考虑故事题材，并且需要反复修改。如此，你便能逐渐掌握何时该有片刻的静默，何时该强调某个句子，或者何时该做一些其他的事情，以便让演讲达到更好的效果。如果你只想照本宣科，通常无法让戏剧在故事中发挥最大的效果。确切地说，戏剧有很大一部分是靠将片段串联起来的结果，这些片段被小心且谨慎地安排，以便尽可能地按照正确的顺序和最佳的编排呈现故事的重点。如果你想成为优秀的演讲人，就要甘愿付出努力去准备故事。大多数专业的演讲人为 1 小时的演讲所花的准备时间，大约是 10 小时。

**关键思维**

成功的关键要素之一是自信，而自信的关键要素之一是准备。

——亚瑟·艾许，网球选手

你和同事笑谈某件事时，不成想却出了一个什么差错，立刻把这个错误写下来，然后思考如何把这个错误编入你的下一个演讲中。

——道格·史蒂文森

# 五　利用演艺界的秘诀使你的故事生动活泼

讲故事在商业领域的最佳应用模式是，结合表演（演出故事的方式）和讲述（内容）。为了生动呈现故事，你必须寻找有效的方式，在对听众解释你从这些经验中学到哪些教训的同时，让你的故事重新呈现。职业演员的毕生追求，就是致力于结合表演与讲述的最高境界。只要有一点巧思和准备，商业演讲人也能使用同样的准则。

伟大的演员总是用第一次面对舞台的态度，不断努力地磨练演技。作为商业演讲人，你也需要用同样的态度来讲故事。要想达到一样的效果，就必须结合以下 4 项要素：

（1）口头语言——你说的话。

（2）声音语言——你的语调、节奏和抑扬顿挫。

（3）肢体语言——你的动作。

（4）情感语言——你当时的感受。

商业演讲人仿效演员表演的秘诀，有以下7点：

（1）用行动抓住目光——不要像电视屏幕上那颗只懂得说话的脑袋，只能单调地描述事实。你应该把自己带到讲台上，一边说一边到处走动，用一般的肢体动作解释你说话的内容，这会产生完全不同的效果，也能帮助听众进入你刻意重现的时空情境。

（2）正确拿捏“进”与“出”之间的平衡。“进入时刻”是指你演出自己面临某个遭遇的时候，或你当时的思绪。“退出时刻”是指你开始对听众解释故事重点，并对过去事件提出评论的时候——在大多数的商业演讲中，你必须试着达到进/出时间长度比率约 40/60 的标准，这样便能有足够的评论，让听众了解你提出的重点，也才能有足够的表演为演讲增色。

（3）用绝佳的声音语言让听众感觉到你说话的内容——你必须练习如何讲故事。专业的演讲人会利用下列做法，来增加故事的变化：

◎突然快速说话以显示紧张。

◎停顿以强调刚才的重点。

◎刻意拖长语气以表现震惊或难以置信。

◎发出感叹——高声呼喊和哀鸣呜咽。

◎不断重复某个字。

◎搞笑的时机和节奏。

◎不同的声音和语调。

如果你渴望成为一名受欢迎的演讲人，你必须练习用一种高品质的声音说话，这样人们才会觉得你很有趣。接下来，你可以加入上述的口语要素，来增进听众的理解。

（4）演绎出故事中不同角色的对话——用第

一人称说出某个角色的对话时，站在讲台的一边，演出另一个角色时，则移到另外一边。或者你可以在扮演某个角色时左转 90 度，扮演另一个人时则右转 90 度。这种方式可以创造出一种情境，让听众感觉像是在观摩两人之间的对话。这个技巧能为演讲增添一点趣味。

（5）利用情感的语言——听众才会在非常深刻的沟通层次上与你联系。能实际应用的情况是：

◎当故事中某个戏剧性变化出现时，用突然静止的动作抓住那一刻。这样可以为剧情制造一个转折点。

◎用肢体动作展示你的反应：表现挫折沮丧时，把你的双手抛向空中。

◎在你思考某个特定问题或挑战时，描述你内心的独白。

◎习惯运用停顿，让听众有时间把你的描述与他们的生活点滴联系起来。

◎能够适时抽离，这样你才能在描述情感事件时不深陷其中。

（6）驾驭你的恐惧——利用你对公开演讲的适当焦虑，想法让你的内容充满魅力。尽情表露你的性情，无需担心被拒绝。即使是商业听众，也想着在学习有用的东西时，能有笑有泪有感觉。

（7）进行“边走边说”的练习——在办公室或自家客厅走动时，练习要说的话、相关的动作和手势。就像职业运动选手想象自己在激烈的竞争中获胜一样，你也应该利用一点儿时间想象你的演讲一定会圆满成功。练习的次数越多，你会越有自信。努力埋头练习，等表演时间一到，你会迫不及待地想上台一展身手。

## 关键思维

卓越不是凭空得来的，必须付出的代价是拨出时间让你的故事完美呈现。好消息是，如果你下功夫发展自己的戏剧故事，如果你投资时间在自己的讲台上，那么你的光芒既能照亮听众，也能增加你对听众的正面影响，这一切都是值得的。

人们渴望别人告诉他们某些自己还不知道的事——那是教育；同时，他们希望演讲人能吸引他们的注意力，制造趣味——那是娱乐；如果演讲人真的非常专业，他们会在听完后，对自己和现有的处境寄予更多希望——那就是刺激和启发。

没有任何东西比事实更有吸引力，与其完全依赖外部的资源或不知名的专家，不如想办法展示自己也是能克服逆境的专家。

——道格·史蒂文森

# 六　故事要时刻抓住听众的心

提升商业演讲能力，最后需要加强的是学习掌握自己的力量。换句话说，就是相信自己能够传达影响听众生活的信息。说些有益的话、热情且镇定地传达你的信息，并避免自我质疑，如此方能发表令你自傲又令人难忘的演讲。

要想提升自己的商业演讲能力，务必牢记下列要点：

（1）真实表达自我永远是最佳策略——深入挖掘自己，找出能够反映你性格和兴趣的故事及见解。听众对你个人的见解与想法的反应，总是比你老借用别人的例子，分享其他人的见解与想法来得好。

（2）试着按演讲前的暖场仪式训练——准备好发表一场水平稳定的演讲。在某些方面，这会

是一种加温同时冷却的训练，让你全身充满活力，同时平静你的心情。好的暖场仪式包含下列要素：

◎某些肢体和伸展运动，帮助放松心情与全身肌肉。（许多专业演讲人会在上台前做 10 分钟瑜伽。）

◎益智活动，如猜谜语。

◎深呼吸以增加血液的含氧量，完全唤醒你的心智能力。

◎少量发声练习，好把嗓子打开。试着大声唱几首歌，不管唱得好不好听，这会让你打开嗓子，准备好上场。

◎再看一遍笔记，加强记忆，并想想你要说什么。把笔记按顺序放好，并确定你对事先安排好的顺序完全没有问题。

◎调整你的态度。给自己一些肯定，以便把心思完全集中在接下来要完成的任务上。这些肯定包括：

- 今天，我相信自己的准备已经妥当。
- 今天，我会对自己和听众感到满意。
- 今天，我会发表一次绝佳的演讲。
- 今天，我会敏锐地知道听众的感受。

◎可以做些准备来稳定情绪。花一点时间沉思、祷告，或连接到更高层次的力量和精神感召。

在大多数情况下，进行暖场仪式的理想时间是一天开始时独处的那段时间。这样你可以在暖场时配合轻快的散步或呼吸新鲜的空气，在上台前15分钟左右，试着花几分钟独处，提升演讲所需的能量，好好想想该如何呈现兼具活力与强度的表达，然后上台表演。

（3）试着让演讲有大量互动的机会——尽可能加入许多不同的技巧，例如：

◎问听众问题。

◎用举手方式进行意见调查。

◎与特定人士进行问答。

◎邀请听众分享他们的经验。

（4）强调你的信息——用你的“代表句”当作记忆卡。如果你有机会和负责会议计划的人员进行讨论，也可以将句子印在卡片、咖啡杯、海报、讲义或帽子上，帮助人们记住你提出的重点。

（5）与你的音响/影视/技术人员合作——你在上场前就要确定一切全都就绪，而不是等到开始演讲了才处理这些问题。演讲前，你应该做到以下事项：

◎确保任何使用电池的工具都准备了备用电池。

◎了解如何控制灯光。

◎检查所有的麦克风和调音装置是否都正常运作，并事先设定好音量。

◎检查室内的温度是否舒适。

◎检查讲台是否会摇晃或发出声响。

◎学会如何开关讲台上的灯光和自己的麦克风。

## 关键思维

我有一个理论，专门针对我们这些站在台上演讲的人。内容是：一个人需要50次强化的过程，才能改变他的行为——50次强化过程所留下的印记，才能让某个人终生顿悟，并决定改变他的生命。每一个印记都代表一种迹象、线索或提示，显示你正在做某件不具生产力、自我毁灭，并且/或许有害他人的事。如果你是位演讲人或训练师，这就是你的幸运日，你的故事和你的印记刚好是听众席中某个人的第50号印记。如果是，他会走向你，凝视你的双眼并紧握你的手，他会找到适当的话告诉你，你如何改变了他的生命。当然，他或许只是起身离开，激动得无法言语。他将通过改变——一项需要至高勇气的行动，表达对你的终生感谢。你改变了这个世界。没有人拥有和你相同的故事，这是你送给这个世界的礼物，你必须无私地奉献出来。

——道格·史蒂文森

一旦你了解了如何构筑故事的结构，那你所见的就都是动人的故事。故事随时随地在发生，在邻近的杂货店、在你的后院、在开车时、在业务会议中、在餐厅，还有在你准备晚餐的时候。故事本身是否重要不是重点，重点是你面对故事的态度。第一个可以寻找故事的地点是你家的后院——你丰富且迷人的生活。讲故事者称此为“挖掘过去”来寻找故事题材，你的听众将与你共同经历这些寻常的故事，因为他们也曾在同样的地方，做过同样的事或至少他们曾经听过、看过或读过相同的事。

——道格·史蒂文森

# 乔布斯演讲秘籍

# The Presentation Secrets of Steve Jobs

How to Be Insanely Great in

Front of Any Audience

## 原著作者简介

卡迈恩·加洛(Carmine Gallo)，沟通技巧教练，辅导对象包括英特尔、IBM、大通银行、诺基亚、家得宝、美国银行等企业的董事长与高级主管。加洛曾任职于CNN、TechTV、CNET和CBS，并荣获艾美奖，现为加洛沟通顾问公司创办人，也是深具造诣的演讲家和研讨会主持人。每周为美国《商业周刊》网站撰写领导力和沟通技巧方面的专栏，并著有《点燃你的员工》、《说话的技术》等书。

本文编译：王约

# 主要内容

# 乔布斯演讲秘籍

乔布斯的每一次演讲，都是一场精心设计的表演，灯光、剧本、场景、表演人员等元素都经过悉心准备。美国《商业周刊》分析了乔布斯的重要演讲，总结出乔布斯的 10 个演讲技巧。只要加以善用，每个人都可以拥有像乔布斯那样出色的演讲能力：

（1）围绕主题：乔布斯在 2008 年 MacBook Air 发布会上演讲时，一开场就说“今天的空气里有些不同的东西”，这是个相当巧妙又点出主题的隐喻。

（2）展现热情：乔布斯总是用“awesome、cool”等字眼来感染全场的情绪。

（3）列出大纲：乔布斯的演讲段落分明，一张幻灯片搭配一个主题，段落间的安排与串联也十分流畅，给观众一定的层次感，使观众可以跟着演讲节奏前进。

（4）提供有意义的数字：例如 iPhone 在 200 天内总共卖了 400 万部，这样的说法对观众没有太大的意义，但是当乔布斯进一步解释：iPhone 每天可以卖出 2 万部。这数字背后的意义代表着 Apple 是美国的市场龙头。

（5）打造令人难忘的一刻：乔布斯从牛皮纸袋里拿出超薄 MacBook Air 的那一幕，是许多人终生难忘的场景。

（6）视觉化的呈现：很多人喜欢在幻灯片中放满复杂的文字与图表，但乔布斯则让幻灯片只呈现简单的字词与图片，让大家把焦点集中在产品身上。

（7）演讲就是一场表演：通常乔布斯会在演讲中，穿插图片与视频，再加上产品展示与现场嘉宾，就像一场电影或舞台剧一样精彩。

（8）不要因为小错误而坏了大局：发生状况

时，记得用幽默化解尴尬。

（9）推销产品的好处：科技突破的目的是要带给消费者价值与好处。例如：MacBook Air 是最轻薄的笔记本电脑，iTunes 是下载音乐与电影的更佳方式，而不是一味强调容量、速度或轻薄等技术面的突破。

（10）不断练习：乔布斯能做出精彩的演讲，并不是因为他是天才，而是因为他在每一场演讲前都经过长时间练习并测试每个细节。

5分钟摘要

# 乔布斯演讲模式

提到做商业演讲，乔布斯的能力无疑是黄金标准。由于他的演讲造诣极高，有许多人为了抢到最好的位子去听他为苹果公司做的产品发布会，甘愿在寒冷的天气下彻夜排队。目前在YouTube上有超过2万部乔布斯的视频，数量远远超过其他高知名度的董事长，如维珍集团的理查德·布兰森（1000部）、微软的史蒂夫·鲍尔默（940部）、杰克·韦尔奇（175部）等，由此可见乔布斯受欢迎的程度。简而言之，乔布斯是个很有魅力的推销员，靠着天赋和个人魅力来推销他的点子。

然而有趣的是，乔布斯并不是天生就懂这些。在背后，他会有条理地改善自己的演讲。这点意义非凡，因为这表示任何人都能学会像乔布

斯那样做演讲——只要采取乔布斯所用的演讲模式，再加上自己的策划和练习就行了。个人魅力不是先决条件，勤奋努力以及按部就班的准备工作才是先决条件。要想拥有乔布斯那样的演讲功力，应该采用的模式是：

| | |
|---|---|
| 1 营造体验 | 不要只是谈产品的特性和好处，谁都会这么做，而是要以你的品牌为核心，精心设计令人振奋又吸引人的故事。 |
| 2 传达体验 | 将你的演讲从枯燥的“说明会”，转化为有吸引力的视觉体验，让人陶醉其中，就像看电影一样。 |
| 3 修饰和演练 | 注意你所有的非言语线索并不断练习，直到演讲听起来自然又口语化为止。 |

引人入胜的演讲

## 关键思维

乔布斯式的演讲就像一出戏剧，一场经过精心设计和熟练彩排的表演，富有教育性、娱乐性和启发性。他胸怀改变世界的热忱，想要“在宇宙激起涟漪”。如果你对自己演讲的主题具备热忱，那么就已经具备乔布斯的八成功力了。善用那股热忱，把它转化成令人着迷的故事，让大家帮助你达成愿景。如果你无法引起大家的兴趣，你的产品就永远不会有机会成功。不要因为你的演讲无法激发听众的想象力，就让你的点子死于萌芽中。要想使用乔布斯的技巧，就要从感性和理性上打动你所希望影响的每个对象。

——卡迈恩·加洛

# 一　营造体验

不要只谈产品的特性和好处，谁都会这么做，而是要以你的品牌为核心，精心设计令人振奋又吸引人的故事。

要实际做到这些，应该：

（1）在使用演讲软件之前，先在纸上规划和创造你的点子。

（2）回答听众心中唯一在乎的问题："我为什么要听你说?"

（3）对你想达成的目标保持热忱和坚定的态度。

（4）拟出"像推特那样的标题"——不超过140字节的诉求。

（5）运用"事不过三"的原则制作路线图，引领听众进一步跟随。

（6）一定要找出你将要对付的敌人。

（7）列出追求进步的模范。

（8）别忘了每隔10分钟左右就中场休息一下。

**1. 在使用演讲软件之前，先在纸上规划和创造你的点子**

如果你要做演讲，千万不要先打开PowerPoint、Keynote或其他任何软件，这样只会给出一堆枯燥乏味的幻灯片和条列项目。与其这么做，不如拿出一张纸，写下你介绍以下9项要素的方法吧：

（1）标题——你想要让听众记住什么关键概念？乔布斯在介绍iPhone时，提出的关键概念是："今天，苹果重新发明了电话。"

（2）热情地陈述——告诉听众这件事为什么很要紧。"我之所以如此振奋，是因为这使人类未来的沟通方式向前迈进了一大步。"

（3）决定你的三大诉求——你希望大家在听

完之后，能够口口相传的3项重点。

（4）运用类比和比喻——这两项工具可以用来说服听众，让他们完全接受你所说的3项重点。“电脑，对我而言，是真正了不起的工具。”

（5）示范——看看可以带谁或什么东西一起上台。产品或服务的示范可以为演讲增加戏剧效果和趣味。

（6）伙伴——想想还有谁可以为你所做的事情做担保。

（7）顾客见证——可以运用哪些证明和第三者的担保，让大家对你所要展示或发表的东西更放心。

（8）视频——可以用什么方式生动地展示产品？

（9）其他视觉工具——还有什么东西可以运用到演讲之中、可以让听众去触摸和感觉，或是可以让听众实际体验，以便让演讲更振奋人、更吸引人。

## 2. 回答听众心中唯一在乎的问题："我为什么要听你说？"

**关键思维**

你必须从顾客体验出发，再回推到技术面，而不是反过来。

——乔布斯

听众希望同时感受到娱乐性和知识性，他们尤其想知道："我为什么要听你说？"乔布斯会细心地为大家串起前后的关联，会这样说："这表示……"

要想有说服力，就得立即回答这个问题。不要搬弄行话，只要把你想说的话简洁地说出来就好。如果你想要帮助顾客节省时间或金钱，就这么告诉他们；如果你要努力让人生更有乐趣，就直接告诉他们。说明你的商品将如何改善顾客的生活，要不只一次地重复这个好处，以强调你的

重点，然后确定所有辅助素材（比如宣传材料、网页和新闻稿）都符合你提出的概念。要着重于推销产品的好处，而不是产品本身。

### 3. 对你想达成的目标保持热忱和坚定的态度

**关键思维**

人生在世就是要在宇宙激起涟漪。

——乔布斯

不论你是否也胸怀如此壮志，都会很清楚乔布斯的目标。他要开发和销售最棒的东西，让自己名垂千古。当你购买了他的某一项产品，也就等于加入了这场圣战。

当年邀请约翰·斯卡利担任苹果电脑高管时，乔布斯对他说：你下半辈子想继续卖糖水，还是想要有机会改变世界？

如果你想达成的核心目标和乔布斯有所不

同，那也没关系，不论你的动机是什么，都要在每次做演讲时热情地表达出来。让大家确切了解，你的心已经完全投入在你所要做的事情上。要对你的服务、产品、公司或志向，保持真正的热忱。

如果其他方法都行不通，就要想出产品或服务会如何改善顾客的生活，然后积极地跟顾客分享。如果你从事的正是你所喜爱的事业，这一点也不难；如果你只是为了赚钱，那就会难一点。明确表达你的目标，让所有人都真正了解你的目标。

## 关键思维

我认为，你一定有点与众不同，才会去买苹果电脑。我想，会买苹果电脑的人，都富有创意的灵魂，他们不会只想把事情做完就算了，而是想要改变世界。我们为这样的人制造工具，我们要服务从一开始就买我们产品的人。大家往往认为他们疯了，可是别人口中的疯子，我们却认为是天才。我们制造工具就是为了给他们使用。

——乔布斯

### 4. 拟出“像推特那样的标题”——不超过140字节的诉求

乔布斯善于创造像推特文那样的标题，不超过140字节。他想出的标题能让媒体事后不断炒作。来看看最近的几个例子：

◎MacBook Air：全世界最薄的笔记本电脑。

◎苹果重新发明了电话。

◎iMac：互联网的振奋力量，Mac的简约表现。

◎iPod：把1000首歌放进你的口袋。

◎iPhone 3G：售价折半、速度加倍。

◎MacBook：业界最环保的笔记本电脑。

乔布斯并不孤单，其他企业领导者也曾创造出令人印象深刻的标题：

◎思科总裁兼CEO约翰·钱伯斯：思科改变了我们生活、工作、娱乐和学习的方式。

◎星巴克创办人霍华德·舒尔茨：星巴克创造了工作与家庭之外的第三空间。

◎微软共同创办人比尔·盖茨：我们会在每个家庭的每一张书桌上，都看到个人电脑。

不要总想着靠运气去创造令人难忘的标题，要积极主动，创造出一句你想用来当标题的宗旨，然后让整个演讲（以及补充的素材）都符合这个标题。不要忘了，最棒的标题，是要为听众描绘一个更美好的未来。

**5. 运用“事不过三”的原则制作路线图，引领听众进一步跟随**

乔布斯几乎在所有的演讲中，都会为听众画出视觉路线图，而这些路线图总是3个为一组。乔布斯的演讲都会恪守事不过三的原则，比如：

◎乔布斯在介绍iPhone时说到：今天我们要介绍3个革命性的产品！

◎乔布斯 1984 年时说到：在电脑界只有 2 个产品堪称里程碑：1977 年的 AppleII，以及 1981 问世的 IBM 个人电脑。今天，我们要介绍第 3 个堪称业界里程碑的产品：Mac，而且它绝妙至极。

对听众来说，“3”是个魔术数字，超过这个数字，大家会搞不清楚。告诉听众他们要注意 3 件事情，他们则会全神贯注，也能够想到 3 个重点结合起来的意义。告诉大家你要讨论 3 件事情，也能为即将要介绍的内容营造一种期待的心情，如果你把最棒的一项留在最后压轴，那更是如此。

有趣的是，研究发现，大多数复杂的科技和概念，几乎都可以用 3 个不同的论点或概念来说清楚，就好像以 3 个为一组是自然而然发生的一样，虽然有时候要发挥一点创意，才能将想法和概念浓缩成 3 项具体重点。这么做带来的成果是相当惊人的。史上许多伟大的演讲，都是以提出 3 个关键概念来建构的。

在“事不过三”的原则之下，乔布斯演讲的模式往往如下：

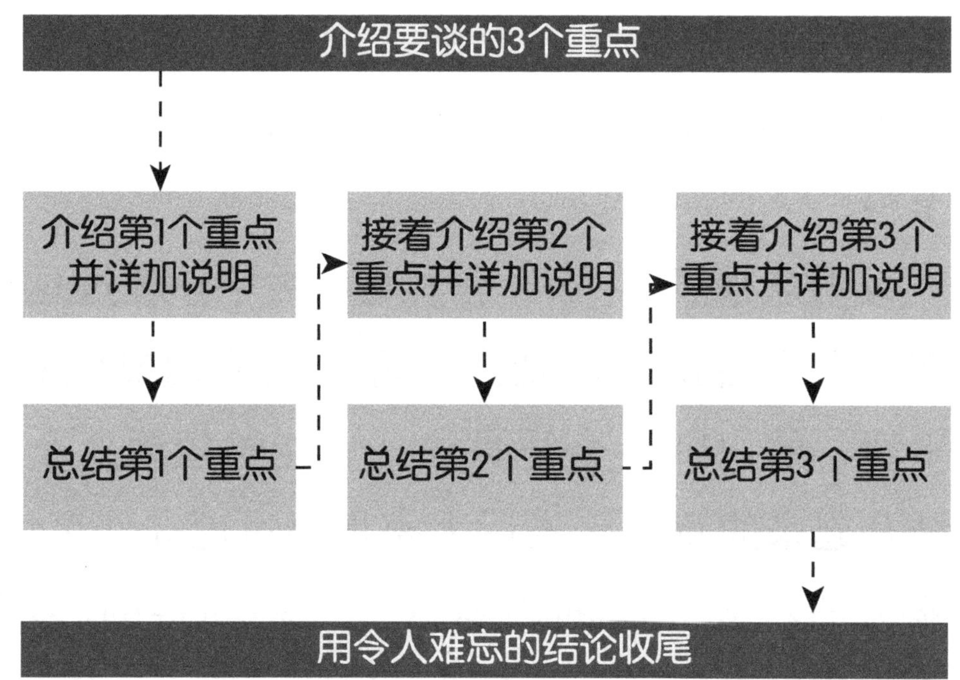


要将“事不过三”的原则运用到你的演讲之中，应该：

◎把你希望让听众了解的所有重点都写下来。

◎不断把你列举的重点做一下分类，直到浓缩成3项主要诉求为止。

◎在每一项主要诉求之下，列出你希望在这

个领域里提出的概念，以及各种你可以运用的修辞方式。另外也可以详细列出在每项重点中可以运用的示范方式、视觉元素和第三方证明。

**6. 一定要找出你将要对付的敌人**

乔布斯每一次介绍一项新科技时，都会像这样去塑造：

这是别人制造出来的问题 ← 我们的解决方案

在苹果公司推出 iPhone 时，乔布斯认为目前市面上的智能手机都不够好，并认为这是一个需要重新发明的领域，因此苹果公司要为消费大众挺身而出。乔布斯用这样的方式来塑造苹果新上市的产品，聪明地把苹果公司定位成解决方案的贡献者，而不是另一家想兜售产品的厂商。这样通常会让演讲更具说服力。

乔布斯在演讲中常常会问这个问题："各位为什么需要这个东西?"然后他会这样说明："我们在研究中发现……"通过这样的方式，乔布斯得以建立起产品应该存在的理由，而不只是要为苹果公司创造营收。他会激励大家变成传播福音的信徒，加入这场对抗平庸的圣战。乔布斯先指出问题的这种方式，营造了一种气氛，接下来再让人们欣然接受他所提出的解决方案。

另外也有很多人使用了这种方法，美国前副总统戈尔的纪录片《不愿面对的真相》就是一个好例子。他在片中倡言，融化的冰帽、退缩的海岸线和飓风，都是人类工业活动带来的恶果。然后他提出解决方案，以及整体社会必须如何实施这些方案。不论你对他的说法同意与否，戈尔确实成功宣扬了气候变迁的议题，也鼓励了大家采取行动。

**7. 列出追求进步的模范**

**关键思维**

微软唯一的问题就是没品味。我可不是说有点没品味，是没半点品味。

——乔布斯

1984 年，苹果公司在最后关头及时推出产品，战胜了乔布斯所说的“为赢得世界霸主地位不惜一切代价”的 IBM。2001 年，苹果公司的敌人变成了萎靡不振的数字音乐产业。2006 年，苹果公司开始采用英特尔的芯片，因为现有的个人电脑速度太慢而且不好用。乔布斯非常擅长推销更优质的顾客体验，而不是冷冰冰的电脑等电子设备本身。

要想演讲时仿效他的方法，就应该做到：

◎说明所属产业的状况，或是产品类别的现状。

◎指出因为某种理由想维持现状的对手。

◎清楚明确地陈述造成顾客痛苦的问题。

◎清楚地描述你的产品或服务会如何解决那些问题，并胜过竞争对手。

## 关键思维

乔布斯是商界的印第安纳·琼斯。电影中了

不起的主角都会消灭坏蛋，乔布斯也一样，会找出共同的敌人，打败那个敌人，征服观众的心灵，让世界变得更美好。

——卡迈恩·加洛

### 8. 别忘了每隔 10 分钟左右中场休息一下

大量研究显示，人类注意力集中的时间只有 10 分钟。因此乔布斯在所有演讲中，每隔 10 分钟就会介绍不同的元素，这样就不会让听众有时间觉得无聊。

乔布斯十分服从这个“10 分钟原则”。他在时间较长的演讲中，为了变换节奏，会使出以下几项法宝：

◎产品示范。

◎第 2 位甚至第 3 位演讲者。

◎视频，尤其是新上市产品的最新广告。

乔布斯通过每隔 10 分钟一次的中场休息，让听众保持住兴趣。要有同样的说服力，你也必须想出不同的元素，每隔 10 分钟就加进来。这

样就能重新点燃听众的兴趣，让大家能够保持注意力，并且使整场演讲更加令人难忘。

## 关键思维

要有力、有说服力、有魅力地推销你的概念，第一步就是要创造故事及情节。二流沟通者和非凡沟通者的差异，就在于能不能成功做到这一步。大多数人都无法好好设计自己的故事。高明的沟通者会有效地进行策划，拟出有吸引力的标题，让听众很容易跟着剧情走，并且找出共同的敌人来增添戏剧性。

——卡迈恩·加洛

营销其实就是一出戏，就像是在舞台上演出一样。

——约翰·斯卡利

## 二　传达体验

将你的演讲从枯燥的“说明会”，转化为有吸引力的视觉体验，让人陶醉其中，就像看电影一样。

要想做到这些，应该做到：

（1）让视觉元素简单、清楚，并且令人着迷。

（2）提供可用的情境架构，让统计数据变得更生动。

（3）在演讲中运用有趣又好记的文字。

（4）把演讲当成管弦乐团演奏，和伙伴们共享舞台。

（5）善用道具和实体产品的示范，让演讲变得更精彩。

（6）在演讲中设计一个让人惊叹的时刻，并且努力铺陈气氛。

（7）不要忘记第2次中场休息。

### 1. 让视觉元素简单、清楚，并且令人着迷

大多数演讲都落入俗套，在PowerPoint或Keynote的幻灯片里头放了太多信息。这样容易使听众混淆，因为要吸收的信息太多了。条列项目适合用于书面资料，在需要用视觉元素的时候就没什么效果。

乔布斯非常善于运用视觉元素。他会把产品照片（没有任何文字），搭配上一张简要表达一个概念的幻灯片。乔布斯从来没有在任何演讲中运用过条列项目，在2008年介绍iPhone 3G时，总共只用了11张幻灯片。其中9张幻灯片是手机的照片，或是手机特定部分的特写，剩下2张幻灯片上只写着iPhone 3G，其他什么都没有。没有用条列项目列出功能，也没有多余的冗词赘句。就演讲素材而言，这充分展现了简单的力量。

不要落入俗套地去使用单调的幻灯片，也就是没有图像、文字过多的幻灯片。人往往一不小心就会这样，因为绝大多数演讲者都会使用PowerPoint或Keynote等软件，列举一长串重点，常常是用一大堆条列项目，底下再列子项目，不断依此类推下去。如果真的想成为更出色的演讲高手，就要让视觉元素成为演讲的主角。绝大多数幻灯片都用照片，并尽量把文字简化。另外还应该用推特式的短句取代冗长的句子，并且使用大家一看就能懂的通俗语言。

**关键思维**

最极致的精致，就是简单。

——达·芬奇

如果你无法简单地解释，就表示你还不够了解。

——爱因斯坦

没把握的经理人才会制造复杂。

——杰克·韦尔奇

通用电气公司前董事长

### 2. 提供可用的情境架构，让统计数据变得更生动

乔布斯在演讲上，非常善于形容数字，让听众了解数字的意义。下面来看一些例子吧：

◎我们至今已经卖出了 400 万部 iPhone。如果把 400 万除以 200 天，那就是平均每天卖掉 2 万部 iPhone。

◎乔布斯不说“iPod 的硬盘容量有 5G”，而是说“把 1000 首歌放进你口袋”。

◎售价折半、速度加倍。

想做到类似效果，必须把原始数据放到听众能够了解的情境之中，这可能要用到一些类比，让数字变得具体而有意义。资料应该用来补充你所演讲的主题，可是必须运用得当，不要用过多数据，免得听众无法招架。

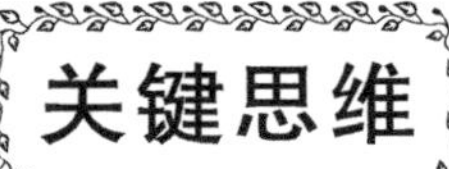

关键思维

今天，我们要宣布第一个 12G 的手机存储卡。它有 500 亿个电晶体，把每个电晶体想象成 1 只蚂蚁，如果让 500 亿只蚂蚁头尾相接地排好队，那么可以环绕地球 2 圈。这对你有什么意义？这表示存储空间足以储存时数达 6 小时的电影，还足以储存大量音乐让你在飞往月球的旅程中听……连回程都够！

——SanDisk 的新闻稿

### 3. 在演讲中运用有趣又好记的文字

关键思维

这就是 MacBook Air，各位可以感觉到它有多么薄。它有全尺寸键盘和显示器，很神奇吧？它就是长这样，不可思议吧？这是全世界最薄的笔记本电脑，有漂亮的 13.3 寸宽屏显示器，还有超棒的全尺寸键盘。我们的工程团队可以做出来，这让我大为折服。

——乔布斯

做演讲时，乔布斯会用简单、明了、直接的语言。他所选用的字词，因为好记、有趣又不常见于商业界而能引起听众兴趣。比方说，被问到苹果新的 OSX 操作系统所使用的界面时，他回答：“我们把显示器上的按钮做得太好看了，会让你很想去舔舔看。”而他也在演讲中形容 iPhone 3G “灵活得不得了”。

企业领导者尤其容易犯卖弄专业术语的错误。如果仔细观察乔布斯在演讲中的遣词造句，你会发现“神奇”、“不可思议”、“漂亮”等词汇经常出现，他的语言往往口语化，简单又具体。乔布斯还喜欢用能激发情绪反应的语言。

同样的喜好也反映在苹果公司的宗旨上：“苹果公司用 AppleII 引爆了 20 世纪 70 年代的个人电脑革命，并且用 Mac 重新发明了个人电脑。今天，苹果公司用获奖的电脑、OSX 操作系统、iLife，以及专业应用软件，持续在创新上领导业界。苹果公司还以随身影音播放器iPod和网络影音商店iTunes，在数字媒体革命中领先群雄，并且已经靠革命性的iPhone进入手机市场。”

要想学到乔布斯这方面的功力，可以从整理演讲素材着手。用有趣、叙述性的字眼来取代专业术语。享受选择用字的乐趣，响亮而清楚地表达出你的热忱。尽情使用鲜明的词汇，不过要确定自己可以很自在地说起来。以有趣方式表达真切、具体的概念时，要避免过度吹嘘。

**4. 把演讲当成管弦乐团演奏，和伙伴们共享舞台**

如果有一样东西是大家都渴望的，那就是变化性。盯着一个站在讲台上面、动也不动地进行90分钟演讲的人，一点意思也没有。乔布斯很清楚这点，因此他会在演讲中加进产品示范、视频和对话嘉宾，让演讲充满乐趣。

尤其是，对话嘉宾能为演讲注入极高的可信度。乔布斯以往所邀请的对话嘉宾都令人印象深刻，包括：

◎英特尔总裁兼CEO保罗·欧德宁，宣布苹果公司将开始销售搭载英特尔处理器的电脑。

◎微软共同创办人比尔·盖茨，通过卫星连线参与1997年的产品发布会，宣布乔布斯将回归暂代苹果公司CEO，以及双方应该往前看，展开新的合作关系，而非算旧账。

◎苹果公司资深设计副总裁乔纳森·艾维。

◎21世纪福克斯公司CEO吉姆·吉亚诺普洛斯，宣布苹果网络电影租片服务的问世。

的确，要像乔布斯一样热情邀请商界重量级人士参与你的演讲，这可能会有点难，但还是有其他方法可以达到类似效果。不妨考虑以下方法：

◎找顾客亲临现场，上台分享使用你产品或服务的体验。

◎跟媒体共享舞台，强调媒体对你商品的报导。

◎找业界专家来说说他们的印象。

◎邀请研发伙伴来表达看法。

◎感谢第一线同仁的努力，把功劳让给他们。

乔布斯还会在演讲中微妙地笼络人心，他会感谢听众成为苹果的顾客。举例来说，他在2008年时说："我想用一点儿时间感谢各位。我们享有所有顾客的大力支持，我们真的、真的很感激。所以，谢谢各位带给我们非凡的2007年。"

如果很难找到顾客或专家跟你一起上台，那就把他们谈论你产品的内容拍成视频来播放。这样做的好处是，可以把他们的评语剪辑成短短几分钟的长度。在演讲中加进对话嘉宾、产品示范等实体元素，就能大大增加可信度。你可以借此给听众传递大量信息，这么做有效又值得。光是

伙伴的现身，就足以为你演讲所要达到的目的大大加分。

**5. 善用道具和实体产品的示范，让演讲变得更精彩**

专家表示，绝佳的产品示范必须具备五大特征：

◎简短，轻松地为主题增色。

◎简单易懂。

◎精彩，展现出令人难忘的特色。

◎节奏明快有趣。

◎实在，能实际解决问题。

当乔布斯把产品示范整合到演讲之中时，每次都会包含这五大特征。他的产品示范向来让人印象深刻。有个很绝的例子是，他在台上现场用"Google 地图"去搜索当地的星巴克，并打电话过去。对方接起电话说："星巴克。您好，请问需要什么服务？"乔布斯说："你好，我想订 4000 杯拿铁外送。没有啦，开玩笑的，我打错电话了，再见。”听众哄堂大笑，而乔布斯成功地“大肆炫耀”了 iPhone 升级版的新功能。

在其他场合，乔布斯用 Photo Booth 软件修改他自己的数码照片，让观众从他身后看他用 Windows 版 Safari 浏览器上网，甚至用苹果公司的 Garage Band 软件制作播客。

产品示范在演讲时的效果很好，因为很多人都是视觉学习者，他们实际看见的学习效果，要比用阅读或是听力的方式来得好。还有一些人用实际触摸的方式，学习效果也较佳，而示范也可以吸引这些人。示范之所以有效果，是因为你可以注入惊喜的元素，让听众大为惊奇，甚至受到感动。

有一句话可以贴切地形容乔布斯的示范风格，那就是他带着热忱在做示范。只有当你下定决心时，才应该在自己的演讲里加入现场产品示范。热忱是做好产品示范的必要条件。

## 6. 在演讲中设计一个让人惊叹的时刻，并且努力铺陈气氛

### 关键思维

大家会忘记你说过什么、做过什么，可是绝不会忘记你带给他们的感受。

——玛雅·安吉罗，美国诗人、作家

在2008年元月的演讲上，乔布斯若无其事地走到舞台一角，拿起一个牛皮纸袋。然后，他打开牛皮纸袋，抽出他要介绍的全球最薄笔记本电脑。现场听众爆出热烈掌声。而到了第二天，乔布斯从纸袋中抽出笔记本电脑的照片，攻占了各大报纸杂志和许多网站的版面。那是被掌声打断的精彩一刻，足以引起任何听众的惊叹。

乔布斯非常善于在演讲中策划这种时刻，事实上，他经常处心积虑地去激起听众的热烈反应。乔布斯的每一场演讲都经过精心设计和策划，目的就在于营造这种让人津津乐道的惊叹时刻。当你回顾乔布斯的演讲时，就会发现一切内容都经过事先设计，在为那个时刻铺陈气氛。他真的是个中高手。

其实这也不是乔布斯的新把戏。在 1984 年苹果公司股东大会要发布原版的 Mac 电脑时，乔布斯走到舞台中间，从帆布袋中拿出 Mac，然后说：“好了，我们最近已经讨论太多关于 Mac 的事情，可是今天，史上头一遭，我要让 Mac 自己为自己说话。”说完，Mac 开始用语音说起话来：“哈啰，我是 Mac，能从袋子里出来感觉真棒。我不习惯对着一大群人说话，只跟大家分享我第一次见到 IBM 大型主机时想到的一句话：千万不要相信一台你举不起来的电脑。大家都听得出来，我现在会说话，不过我想坐下来好好听别人说。因此，很荣幸为大家介绍一个犹如我父亲的人：史蒂夫·乔布斯。”

全场报以热烈掌声，乔布斯营造出他要的精

彩一刻。这次产品示范引起高度关注，在 YouTube 上有超过 50 万次的点击率。

乔布斯整场演讲都在铺陈气氛，成功营造出这些精彩时刻。如果你想效仿他，就要好好想想，你希望听众离场之后牢牢记住哪一件事情？然后以此作为一切内容的核心。为这个核心酝酿气氛，再加进一点惊奇和戏剧效果，营造出让人回味无穷的难忘时刻。乔布斯通常会把最重要的内容留到最后去宣布，要为演讲注入戏剧效果，这也是很值得仿效的模式。

**7. 不要忘记第 2 次中场休息**

再次强调，别忘了听众的注意力最多只能维持 10 分钟左右。每隔 10 分钟，就要明显变化一次演讲的节奏。如果你之前在说话，那就开始做产品示范、请对话嘉宾上台，或是放一段视频。每隔 10 分钟做一点儿改变，就能维持听众的兴趣与注意力。如果一直像念经一样讲个不停，大家就会开始发呆。

## 关键思维

乔布斯不是在做演讲，而是在提供一种体验。想象你去纽约百老汇观赏舞台剧，你会希望看到多种角色、精心巧制的舞台道具、令人折服的布景，还有让你觉得对得起票价的炫丽片刻。乔布斯的演讲就包含了上述所有元素，使他在自己和听众之间建立了强烈的情感联系。

——卡迈恩·加洛

简化表示要删去不必要的东西，让必要的东西可以表现出来。

——汉斯·霍夫曼，美国画家

永远别忘记，顾客就是你的业务团队。

——理查德·泰特

美国益智游戏公司 Cranium 创办人

不要落入历史窠臼，要跨出去创造惊奇。

——罗伯特·诺宜斯

英特尔共同创办人

# 三　修饰和演练

注意你所有的非言语线索并不断练习，直到演讲听起来自然又口语化为止。

要实际做到这样，应该注意：

（1）表达方式和要表达的内容一样重要，甚至更重要。

（2）演练再演练，直到看起来轻松自如为止。

（3）穿着要能传达你所想打造的形象。

（4）熟练地对着听众说话，而不是盯着幻灯片念稿。

（5）放轻松——即使出了状况也一样。

（6）结尾一定要有力。

**1. 表达方式和要表达的内容一样重要，甚至更重要**

乔布斯每次发表演讲，都展现了无可挑剔的台风。只要一上台演讲，他就会生龙活虎起来，所表现出的活力既鲜明又惊人。他的台风来自他所擅长的3种技巧：

（1）善于跟听众保持眼神接触——即使做产品示范等事情时也是一样。他很清楚幻灯片上有什么内容，所以在演讲时根本不必停下来看。因此，他可以全心地和每位听众建立联系。

（2）永远展现出开放的姿态——在他和听众之间不会有任何阻隔。他不会躲在讲台后面，照本宣科地念着事先准备的讲稿，而会走到舞台前面，让听众可以看到他、听到他。

（3）擅长运用有效的手势——他会用手势来强调重点，尽量避免让人觉得不自然、刻板或不自在。乔布斯比一般演讲者更常用手势，因为这是他个人风格的一部分。

在做商业演讲时，表达内容的方式非常重要，因为这是让人感觉饶富趣味还是乏味无聊的关键。乔布斯想出的表达方式，很符合他和苹果公司的个性。你也必须仿效他的方法，以增强自己的演讲效果。

这并不是说你必须完全模仿乔布斯和他的独特风格，这些方式适合他，可是未必适合所有人，你反而应该做自己。大家永远都要尊重演讲者所展现出的真诚，要尽量加强眼神接触、保持开放的姿态，并且运用手势，因为这些元素都很重要，可是还要忠于自己。录下自己做演讲的样子，看看自己的肢体语言传达出什么样的信息，然后改进，直到自己满意为止。不断修正自己的表达方式，可以让演讲效果倍增。

**2. 演练再演练，直到看起来轻松自如为止**

听乔布斯演讲的时候，你会觉得一切都很自然，让人以为他是临场发挥的。其实不是那么回事，乔布斯在做任何演讲之前，都会花很长的时间进行演练。

他会在重要演讲之前的好几个星期，就开始埋头准备。事实上，常常可以见到苹果的团队，为了整场演讲中区区5分钟的内容，耗上数百小时的时间来演练和修正。

## 关键思维

对一般听众来说，这些演讲就好像是一个穿着黑衬衫、牛仔裤的家伙，在讲一些新的科技产品。可是这些演讲其实非常缜密地结合了销售诉求、产品示范以及企业宣传。这些演讲代表了数个星期的努力、精密的整合，以及数十个幕后人员所承受的高度压力。

——麦克·伊万吉里斯特

苹果公司前员工

要想做出像乔布斯一样出色的演讲，需要几个星期之前就开始准备演讲。在正式上台前的当

天或两天前，还要做二三次正式彩排。要专心一致，全心投入去追求卓越，不容半点闪失。练习再练习，直到让人听起来有如行云流水般为止。只要付出跟乔布斯一样的努力，就有可能做出跟他一样出色的演讲。

**3. 穿着要能传达你所想打造的形象**

黑色高领上衣、褪色的牛仔裤，再加上一双白球鞋，这是乔布斯的招牌造型，他每次发表演讲时都这么穿。你不能这样穿，因为你不是乔布斯，所以如果想要看起来有那个样子，切记以下几个经验法则：

◎一定要穿得比在场其他人都正式一点——因为领导者就该有这个样子。如果你是要募资，就要穿得像银行家；如果你是要推销，穿着就应该符合专业形象；如果你是要赢得人心，那么穿着就要能让大家对你所说的深信不疑。要用穿着来赢得成功。

◎服装要符合企业文化——就像苹果的品牌

是建立在打破现状、与众不同的观念上一样。在这种状况下，牛仔裤是合宜的。在许多其他场合，比方说驾驶飞机或做心脏手术时，牛仔裤就可能给人不太好的印象。

◎假如你想穿得像个叛逆小子——起码也要穿上高级的休闲服饰，让大家知道你砸了大钱购置了服装。

## 关键思维

你很难想象一家市值20亿美元、员工超过4300人的公司会输给6个穿牛仔裤的家伙。

——乔布斯

只要你从基层往上迈进一步，你的成效就会取决于你有没有能力通过语言和文字触动其他人。

——彼得·德鲁克

### 4. 熟练地对着听众说话，而不是盯着幻灯片念稿

比较差的演讲者都是切换幻灯片来照本宣科，这让听众觉得无聊至极。至于像乔布斯这样聪明的演讲者，则会用轻松的交谈来吸引听众，幻灯片只是用来说明所说的内容而已。要做到这样，可以尝试以下方法：

（1）把你想要说的内容，逐字逐句写成讲稿，然后制作各项重点会要用到的幻灯片。把你的讲稿进行分段，每张幻灯片放一个段落。

（2）段落里的每一句话，都要画出一两个关键词。练习只按每个句子里的关键词来演讲。

（3）现在删掉其他所有内容，练习只用那些关键词当提示来做演讲。

（4）你希望观众通过幻灯片掌握的重要概念，自己要先背下来。

（5）现在练习不看笔记做演讲，只用幻灯片来唤起记忆。

乔布斯长时间练习和修正的，基本上就是这几件事情。他还是会有讲稿，只不过会小心藏着，让听众从来不曾发现他用讲稿来帮自己掌握正确顺序，如果你愿意的话也可以这么做。如果你按照这 5 个步骤去做，很快就会发现自己不必靠太多讲稿就能流畅地做演讲，也会让人觉得你表现得轻松自在但又很熟练，就像是乔布斯给听众的感觉一样。

**5. 放轻松——即使出了状况也一样**

有一次，乔布斯要示范新款的数码相机，结果相机完全不配合。他对着现场观众微笑，把相机丢给坐在前排的苹果公司员工，然后说："我得找个专家来修理它，这对我来说太高科技了。不过它能用的时候是台很棒的相机。"这样，乔布斯就顺畅地转移到下一个话题。大家都很喜欢这段小插曲，因为这让人觉得乔布斯更亲切、更真实。

如果你要做很多场演讲，迟早会遇到这些状

况：投影仪灯泡会烧坏、按键会失灵、展示品会出故障等等。遇到这样的状况，要放轻松。如果你已经做了充分准备，那就微笑一下，说几句合宜的话，然后继续往下进行。如果你能巧妙地做到这些，有些人甚至会以为这样的插曲是你故意安排的，是为演讲增加趣味用的。

重点是，一定会发生意外状况。即使经过好几天、好几星期的修正，设备还是难免会出故障。乔布斯也遇到过无数次状况，可是他从未失去冷静。他只是笑笑，然后继续说下去。你也应当如此。

**关键思维**

要把演讲当成是在“寓教于乐”，听众想要得到知识和娱乐。放轻松，效果会自然出来。如果你的演讲出了状况，就承认错误，一笑带过，继续讲下去。

——卡迈恩·加洛

我没有秘诀，做生意没有什么规则可循。我只不过是很努力，而且就像我一直以来那样，相信自己办得到。不过最重要的是，我会尽量放轻松。

——查理德·布兰森，英国娱乐营销之父

### 6. 结尾一定要有力

乔布斯以对听众卖关子而闻名，他经常把最重要、最精彩的放在最后压轴。他会在演讲即将结束时，像是突然想到似的，轻描淡写地说他在结束之前，“还有一件事情”要补充。那个惊喜元素效果非常棒，因为这让乔布斯能够为演讲做个有力的结尾。不过也得注意，这招不能使用过度，因为如果每次都用这招就会失效。可是如果你能在自己的演讲中，成功运用类似“还有一件事”的方法，效果会很惊人。

2005 年 6 月 12 日，乔布斯受邀到斯坦福大学的毕业典礼进行演讲。乔布斯当时患胰腺癌才刚康复，而他患的这种胰腺癌相当罕见。他在毕

业典礼上进行的演讲后来在网络上爆红，成为YouTube上点击率最高的视频之一。

“今天，我要向各位说3个我人生中发生的故事。就这样，没啥了不起，就3个故事。第1个故事，是要讲因果关系。”

接着，乔布斯叙述他如何为了创办苹果电脑，在里德学院念了6个月之后休学，不过后来还是有完美的结局。他修了一堂英文书法的课，而10年后运用所学，把书法字形整合进Mac电脑，那就是“因果关系”。他发现自己对简约和设计充满热忱，从此一头栽进去没有回头。

“我的第2个故事，是要讲爱与失落。”

乔布斯接着说到他爱上电脑，并且在10年内和朋友沃兹打造了一家市值20亿美元的公司。他也提到了跟苹果董事会闹翻，被迫离开公司的事情。他要告诉学生的信息很直接：“我深信，唯一让我坚持下去的，就是我热爱自己所从事的事情。你们也要找到自己热衷的事情。”

“我的第3个故事，是要讲死亡。”

他说，没人想死，就连想上天堂的人，都不会想为了上天堂而死。各位的时间是有限的，所以不要浪费时间，为别人而活。不要被教条绑住，那只是活在别人的想法里。不要让他人意见的杂音掩盖住你内心的声音。最重要的是，要有勇气跟着你的内心和直觉走。它们早已知道你真正的梦想是什么……求知若饥，虚心若愚。

## 关键思维

乔布斯的演讲，揭示了他成功扮演企业领导者和沟通者的秘诀：做你所爱，把挫败当作转机，并且全心全意地热切追求卓越。不论是设计新电脑、推出新玩意、经营苹果、管理皮克斯，或者是做演讲，乔布斯都相信自己的天职。他毕生都跟着自己的内心走。顺着自己的内心，会让听众为你着迷。

——卡迈恩·加洛

# 电梯汇报术

3 分钟建立关键印象

# Small Message, Big Impact

How to Put the Power of the Elevator Speech Effect to Work for You

## 原著作者简介

泰瑞·舍丁(Terri Sjodin)，毕业于美国圣地亚哥州立大学，营销培训顾问，舍丁沟通公司创始人兼CEO，擅长帮助专业人士培养有效的说服技巧，辅导过《财富》杂志500强企业。著有《销售就是一场演说》一书，与人合著有《成功，有师为伴》一书。

本文编译：许恬宁

# 主要内容

# 电梯汇报术

所谓“电梯汇报”，指的是假设哪天你在电梯里巧遇一位重要人物，例如潜在的投资人、值得请教的前辈，或是非常想拜访的客户，你该如何善用这短短几分钟的时间，将内心酝酿已久的想法浓缩成精华，以简洁有力的方式让对方接收到重点？通常是针对一项产品、服务、个人、团体或组织作概略介绍，用来募资、进行营销沟通、品牌宣传或是达到公关目的等等。当然，电梯汇报也不只局限于电梯，可用于各种在公众场合的不期而遇。

知名博客 INSIDE 的作者之一 LawrenceLin，曾于 2010 年 9 月发表一篇关于电梯汇报的文章。文中直指电梯汇报所面对的种种挑战：“你没有电脑、没有投影仪，通常你只能靠一张嘴”，“你的时间非常有限，可能是10秒、30秒，最多应该也不会超过2分钟”，“你一开始就必须吸引对方的注意，并且还要能察言观色”。由此可见，想做一场有效的电梯汇报，并不如想象中那么简单。

泰瑞·舍丁专门针对电梯汇报术，提出十分深入且具体的建议。举例来说，他强调“你必须能让你的对象马上了解你是谁、你在做什么”，“你必须准备多个版本，如此一来才可以根据现实条件选择不同的说法”，并提醒“熟能生巧，多加练习是不二法门”，这样做之后，汇报听起来才会显得自然，而不像是在背稿子。更重要的是，你要先搞清楚电梯汇报的目的：不是要直接达成最后的协议或交易，而是要引起对方的兴趣，让自己接下来有机会可以提供更多细节。

事实上，有效的电梯汇报必须提供有意义、有根据的资讯，也要提出令人信服的论点。如果你只是提供一堆资讯，那么汇报将毫无成效，因为人们不明白你的目的；但如果你太过积极，对

方就很容易抗拒。所以必须恰到好处，并强调“为什么我是你的明智选择?”“为什么你应该选择我的公司?”以及“为什么必须现在行动?”这样才能得到你想要的结果。

不管你想要在这3分钟不到的时间内，是简短介绍你的创业点子、你正在经营的事业，还是单纯进行个人自我介绍，“电梯汇报术”都是极为重要的商业技巧，足以让你把握住关键时刻，获得你想象不到的庞大效益。在商场上，你需要随时做好准备，因为你不知道幸运之神何时会对你招手，会为你打开机会的大门。成功，往往只差这临门一脚!

# 让汇报发挥最大效益

电梯汇报不一定非得在搭乘电梯的时间内完成，也可以在其他地点花短短几分钟时间传达出简洁有力的信息，给对方留下深刻印象，并且愿意进一步与你约时间详细会谈。汇报的目的在于引起对方兴趣，因此首先要找出目标听众的需求，并确实做好准备工作，通过不断练习，才能促成交易。

电梯汇报一般是在一段很短的时间内，向别人介绍你的产品、服务、理念，或是好的构想。电梯汇报要求你说服对方的时间只有 3 分钟甚至更少。电梯汇报的目的是要引起对方的兴趣，期望不久之后再度与你会面，希望从你那边了解到更多的细节。

你在电梯汇报里所传达的少量信息，将有可

能带来巨大的效益。用正确的电梯汇报方法进行口头报告，可能会引发连锁效应。有时候，电梯汇报可以开启一大契机，让你稍后再做进一步的营销，被称为“电梯汇报效用”。虽然在电梯汇报之后，你仍需采取进一步的行动，但一段出色的汇报可以开启一扇门，促成美好的合作交易。

## 关键思维

“一起搭电梯”是一种比喻的说法，意思是指你在毫无预期的情况下，恰巧碰到你想要推销某个点子、策划案或新方案的人士。我所说的“电梯”指的不是实际上搭乘电梯的那段时间，而是指在很短的时间内，你可以用清楚、简短的方式传达具有说服力的信息。

——泰瑞·舍丁

# 一 做好准备

要想让电梯汇报成功，你必须准备好2件事：

| 清楚知道自己想要达成什么目标 |  | 了解并应用电梯汇报的主要架构 |
| --- | --- | --- |

## 1. 清楚知道自己想要达成什么目标

电梯汇报的目标，永远都不会是达成最后的协议或买卖。如果以美式橄榄球的术语来说，你只是想要把球送到前方而已。在这里的意思是，你只是想要让听众兴趣大增，让自己接下来有机会提供更多细节。

一般来说，汇报可以分为3种：

（1）资讯型汇报——公正地提供资讯，鼓励听众听完之后，再做进一步深入了解。

（2）仪式型汇报——一群人所共同拥有的价值观，决定谈话的内容与模式。

(3) 说服型汇报——提供资讯的目的，即要让听众做某件事或采取某个特定行动。

电梯汇报是“资讯型汇报”与“说服型汇报”的混合体。进行电梯汇报的时候，你就是在试着说服对方，让他们能够采取某种行动，让你最后能够顺利卖出你所推销的东西。电梯汇报的目的不是最终的成交，而是让你能够有机会说出自己的理念。

记住这一点之后，你就可以了解：

(1) 好的电梯汇报不是扔出一堆资讯——不要忘了，你只有3分钟甚至更少的时间。

(2) 电梯汇报也不是火力全开地进行推销——如果是那样，你的听众就需要3分钟以上的时间，才能完全了解销售内容。

(3) 电梯汇报的属性是非正式的，而不是正式的会面——进行电梯汇报的时候，最好采取对话的方式。

再提醒你一次，电梯汇报的目标不是得分，

而是想要传球，让自己未来有更多推销的机会。你要用精简而且令人印象深刻的方式进行汇报。如此一来，你才能跟众多的背景杂音抗衡，让对方听见你的声音。

你只有 2～3 分钟的时间去进行电梯汇报，因此比较实际的目标是，让你在稍后某一天的某个时间，可以与对方再度会面。你必须引起对方的注意，希望再多听一些。你的目的是提供资讯并说服对方。最重要的是，你要获得下一次的会面机会。

你要做的一项准备工作，就是找出你应该采取哪一种说话方式。一共有 4 种选择：

（1）完全即席演说——你在心中先想好大纲，然后即席演说。这种方式可以让你与对方有良好的互动，但很容易漏掉重点。

（2）经过准备但没有讲稿——你事先准备好几个重点，说的时候，要采用对话的形式。

（3）读稿式报告——你逐字逐句写下你要说

的事，然后一字不漏地说给对方听。这种方式会很不自然，缺乏人际互动和人情味。

（4）背好讲稿——你把写好的稿子背下来。如果你事先好好练习，这种方式就可以带来良好的成效，因为你可以把注意力放在听众身上。

进行电梯汇报的时候，以上方法都可以使用，你只需要事先想好哪一种方式的效果最好、最适合眼前的情况。你要确认重要的建材都已到位，等时机一到，就可以马上动手盖房子。

**汇报机会：如何准备汇报**

**我的汇报目的是什么？**

我要准备一场电梯汇报，在遇见生意伙伴的时候，可以向他们介绍我是谁、我提供什么产品或服务，并与潜在的客户约好一对一的碰面时间。

**听众分析**

- 听众：中小企业人士
- 听众人数：大约60人
- 平均年龄：30～50岁
- 男女比例：1:1
- 听众态度：忙碌、很愿意分享意见
- 听众对我将要说的东西有多少了解：还不确定

| 汇报机会：如何准备汇报 |
| --- |
| 会面资讯 |
| ·地点：酒店会议室<br>·视觉辅助工具：产品的样本<br>·我有多少时间：3分钟以内的时间<br>·还有谁会参加：2位新成员 |
| 结束汇报最好的方式 |
| 我知道大家都很忙，我必须在自我介绍之后马上坐下。我也许可以把名片传下去，有兴趣的人可以发电子邮件给我，我会提供给他们“随时更新销售资讯为何重要的10大理由”。只要对方发邮件给我，我就能安排接下来的会面。 |

## 2. 了解并应用电梯汇报的主要架构

一次有效的电梯汇报，必须同时达到“提供资讯”与“说服”两种效果。你必须提供牢不可破的资讯，但同时也必须提出令人信服的论点。如果你只是提供一大堆的资讯，那么这次汇报就毫无成效，因为人们不明白你究竟想要说什么。同样，如果你太过积极，对方很容易就会抗拒。你必须恰到好处，才能得到你想要的结果。进行

电梯汇报的时候，你不仅是在提供资讯，也是在说服听众。

20 世纪 30 年代，普渡大学的阿兰·门罗教授曾提出“门罗促动顺序”，描述要让人们去做某件事最好的办法。“门罗促动顺序”一共有 5 大步骤：

1. 抓住注意力——让听众好好聆听你说的话。
↓
2. 提出需求——描述他们所遇到的问题，让他们觉得自己需要改变。
↓
3. 满足需求——提供解决方案，让对方了解如何着手进行。
↓
4. 提供愿景——帮助他们想象成功之后会有什么美景。
↓
5. 呼吁行动——让听众采取行动，大步往前迈进。

了解这 5 大步骤之后，一场兼具“提供资讯”与“说服”效果的电梯汇报，应该像下页的图表那样：有一个抓住听众注意力的开场白，接着再介绍 3 大重点，然后不着痕迹地结束这次汇报，直接邀请对方采取行动——不要忘了，以上这一切都必须在3分钟以内完成。

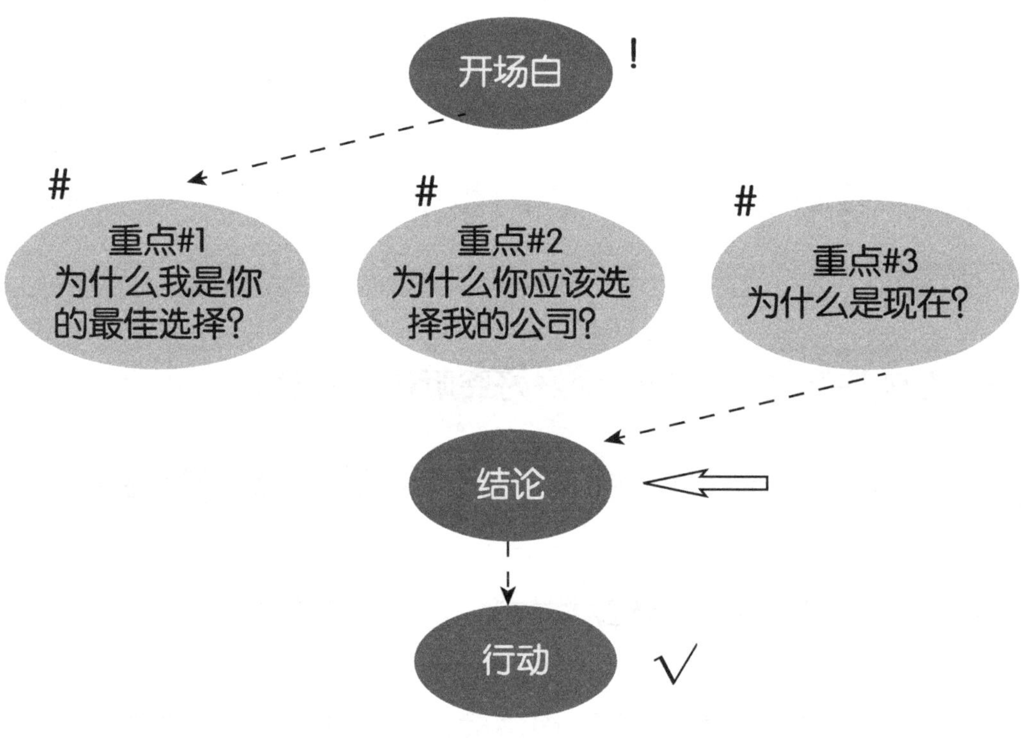


## 关键思维

这些年来，我发现如果要跟某个人建立友善的互动，并且提供能吸引对方注意力的资讯，大约需要3分钟。此外，只要你敢开口，通常人们都会愿意给你3分钟的时间来进行说明。

——泰瑞·舍丁

开场白必须能够抓住听众的注意力，告诉他们为什么你在那里，让对方了解你在接下来的几分钟会告诉他们什么。“抓住注意力”是“门罗促动顺序”的第一步。

接下来你必须说服听众，让对方相信你。你得告诉他们这次汇报的重点，并且提供相关的例子。这个部分是“门罗促动顺序”的第二到第四步：提出需求、满足需求、提供愿景。

组织电梯汇报的架构时，一个有效的办法是事先准备好几个谈话重点，然后依据现场的情况选出 3 个。通过这个办法，你可以“个性化”你的汇报，让汇报能够立刻符合听众的需求。

大部分的电梯汇报都包括以下 3 个话题：

◎为什么对方应该选择你？

◎为什么要选择你的公司？

◎为什么他们现在应该立即行动？

或者，你也可以用以下的方式进行讨论：

◎过去发生了什么事？

◎目前的情况如何?

◎未来需要怎么做?

接下来你的汇报必须提出结论。提出结论的时候,你应该简要说明自己刚才说了什么,并且告诉听众,如果有更多时间,你会进一步提供哪些细节,然后不着痕迹地结束这次汇报。好的结论应该能够挑起听众的兴趣,完成“提供愿景”这个步骤。

最后你要结束这次的汇报,或是呼吁听众应该采取哪些特定的行动。这是“门罗促动顺序”的第五步。在这个步骤里,你必须说出你汇报的目的,也就是你希望对方怎么做。你通常会在这个时候提出邀约,让你未来能够进行更深入的汇报。

## 关键思维

过去 20 多年,我一直在观察汇报方式的改变。一个明显的现象是竞争很激烈,大家都在争

取听众的时间，希望能够多加吸引他们的注意力。因此如何在短时间内引起听众的兴趣，就变成很重要的一项能力。在过去几年中，我一直在举办专门的工作坊，教导学员在3分钟之内进行有效的电梯汇报。我见证了原本都是临时才想办法挤出几句话的学员，学会了如何在遇到不熟悉的人士时，用全心的热忱，传达有说服力的信息。他们轻松自在地用流畅的方式传递信息，而且最后也真的达成了目标。你可能想要赢得新客户，或者想要得到一份理想的工作，或者想成为公司里顶尖的销售人员；也可能希望能够遇到贵人，帮助自己达到想要的目标。不论你的目标是什么，我都诚挚地希望电梯汇报可以帮助你实现梦想，而且在这个过程中还能得到很多乐趣。

——泰瑞·舍丁

## 二　出众演讲者的条件

如果你想成为出众的演讲者，就必须做到以下3件事：

（1）内容：提供可靠、令人信服的汇报内容。

（2）创意：运用创意让你的汇报生动起来。

（3）传达：用诚恳的语调进行你的汇报。

你的目标不该定在让自己成为一位“好的演讲者”上，因为所谓的“好”或“不好”是非常主观的。对某位演讲者来说，A认为很好，但B可能只觉得普普通通。你不仅应该立志成为一位“好的演讲者”，还应该努力让你的电梯汇报做到令人印象深刻，有效发挥影响力。

## 关键思维

一个真正能够让人印象深刻、影响听众，并且说服听众的演讲者，必须做到这3件事。这样的人会提供可靠、令人信服的汇报内容，并且抓住听众的注意力。他们所说的内容和故事，会让传递的信息变得生动起来。他们用自己真正的声音说话，因此人们会相信他们。

——泰瑞·舍丁

### 1. 内容：提供可靠、令人信服的汇报内容

在多数情况下，以下6大主题会你的电梯汇报发挥功效：

（1）时间——你可以用什么方式节省对方的时间？每个人都想省时，想一想你究竟可以用什么方法提供这项好处。

（2）金钱——你可以用什么方式节省对方的金钱？人们对有可能增加钱包盈余的任何构想，都会很专心地聆听。

（3）压力——你可以用什么方式去除对方的压力来源？如果你可以为他们去除压力来源，他们就会专心听你讲话。

（4）担保——你如何能够保证偿付能力及提供担保？你必须让他们看到，跟你合伙或投资你的产品是一个安全的选择。

（5）乐趣——你可以用什么方式帮助他们享受乐趣？跟千篇一律、不知名的面孔打交道是很无聊的一件事，今天世界上的每一个人，都想让做生意变成一件有趣的事。

（6）便利——你如何才能让事情变得更简单？最新、最先进的科技是很好，但人们想要的是用起来很简单的东西。

如果你想让汇报具有强大的说服力，你必须就这 6 大主题，找出你的产品、服务或点子可以给客户提供什么样的优势。就算客户没有问，他们永远都会想知道："这个东西对我来说有什么好处？"请找出答案，然后告诉他们。

一旦你找出对方想要什么，就会发现从他们的角度来说，“这个东西对我来说有什么好处”包含3个方面：

为什么我要找你?

为什么我要找你的公司?

为什么是现在?

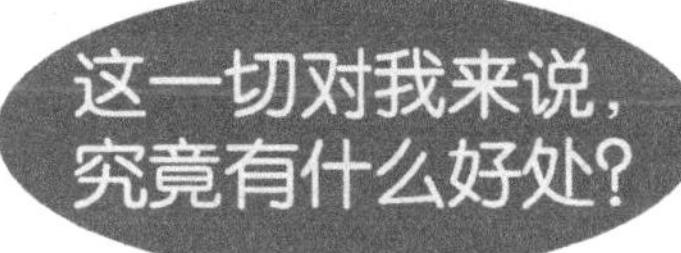


准备汇报内容的时候，请尽量让你的话题围绕在这几个方面。

以下是这3个方面的一些答案：

（1）为什么我要找你？

◎在专业领域里有多年的经验。

◎良好的教育背景或专门培训。

◎专注于细节。

◎拥有许多成功的案例。

◎业界第一。

（2）为什么我要找你的公司？

◎长久以来在市场上屹立不倒。

◎地点理想/扎根地方。

◎优越的技术/专利系统。

◎坚持卓越。

◎致力于环境保护。

(3) 为什么是现在?

◎限时特惠。

◎季节性需求。

◎需要朝着新方向全新出发。

◎掌握更多优势。

只要你仔细思考这3大方面，找出可能的答案，你就会有讲不完的话题，说上3分钟绝对没有问题。接下来你必须做的事，就是从每个方面的清单里选择1项。你的答案必须能够通过“所以呢”的考验，而且必须真的是你最能说服别人的重点。

最后，你将有3项准备充分的话题，而这些话题将成为你汇报的主体。遇到背景不同的听众时，你必须变动汇报内容，变动并不意味着就是坏事。请让你的汇报内容令人感到可信又可靠，

是专门为个别客户所设计，并让汇报能够妥善运用在特定的情境，且符合特定的需求。

进行商业汇报的时候，你必须提供资讯，给出结论，然后提供明确的特定目标，呼吁听众采取行动。一个有力的结论可以让你有始有终，从头到尾都抓住听众的注意力。不要忘了，你唯一的目的就是促使对方另外与你约时间，听取你更长、更深入的汇报。

**2. 创意：运用创意让你的汇报生动起来**

一旦建立了良好的基础，此时你应该为 3 分钟电梯汇报加入一些创意。你必须让汇报生动活泼起来，让汇报能够“晓之以理，动之以情”。

要让汇报生动起来有很多种方法，你可以按以下几种方式着手：

◎你可以说一个诙谐的成语，或是一句令人印象深刻的话，让对方听完后，还会记得你说了什么。你可以告诉对方一个有趣的数据，也可以引述一项强而有力的证明，或是提议做某件事，例如你可以说："你最近的销售量之所以大减，可能是因为你目前所聘用的广告公司缺乏创意。"你也可以拿类似的事物来比喻，例如："一个有效的公关部门对于电脑公司来说，就像是喷射机的燃油一样。"

◎利用修辞手法。演讲者可以通过修辞手法来引发听众的情感反应。奥巴马在 2008 年以参议员身份角逐美国总统的时候，在某场汇报中一直不断重复他的竞选口号："Yes，we can!"这种手法叫做"英语首语重复修辞法"。此外，你也可以采取押韵的手法，或是使用比喻或反问句。

◎用独具巧思的方法开场。这里有无限种可能，请好好运用你的想象力。曾经有一位销售员的开场白是："请问大脚怪、尼斯湖水怪，还有喜马拉雅山雪人，它们有什么共通之处？答案是它们都是都市传说。但还有另一个都市传说影响着在场的每一个人，那就是所有家用电器的规格都是一样的。我接下来会告诉大家为什么这是错

的。”如果你可以把自己的名字、公司的名字、产品或是任何相关的元素，用一种特别的方式与你的内容联系在一起，你就有可能想出一个深具创意的开场白，牢牢抓住你的听众。

◎在电梯汇报里加入令人耳目一新的元素。直接告诉听众与你专业有关的故事，例如述说你如何让另一位客户转危为安。你可以用戏剧性的手法来进行说明，告诉他们你的服务部门明显胜过竞争对手。

◎结束的时候要有创意。举例来说，你可以在结束的时候来抽名片。准备好一瓶香槟，愿意把名片放进鱼缸里的人，都有机会获得香槟。请听众在名片上面写上在什么时间联络他们会比较方便，并且承诺未来要是有什么大进展，你们也会用类似的方式庆祝。或者，你也可以通过名片兜回你的主题。总而言之，请用精彩的方式结束你的汇报。

唯一要注意的一点是，你的创意必须跟电梯

汇报的主题与内容有关，不要做过头了。不要用了很有创意的方式，却只是为了有趣而已。运用创意的时候要有技巧，让听众能够把你的创意与你要说的东西联系在一起。让他们觉得那些创意跟你的内容有关，而不仅仅是一些会令人分心的东西而已。

**3. 传达：用诚恳的语调进行你的汇报**

电梯汇报的第 3 个要点是进行汇报的方式。你是否能够让听众产生共鸣，并因此得到你想要的结果，就要看你的汇报方式。拥有让人信赖的产品和服务很重要，而创意则可以让汇报活泼起来。除此之外，你还需要引起听众的共鸣，也就是你必须感动他们。

换句话说，汇报的内容固然重要，但你说话的方式也同样重要。你说话的方式越诚恳，加入个人的经验越多，观众就越能与你产生共鸣。如果你能拥有自己的信念，而且用真心诚意的态度说话，你的话就能进到听众心里。如果能够展现出自己是个

什么样的人，你所说的话就会变得更有趣。

这个部分没有通用的法则，因为适合这一个人的方法，可能就无法用在另一个人身上。你可以参考以下方法，找到自己的声音：

（1）让你的汇报动起来——让自己随性一点，享受汇报的乐趣。在汇报里加上你个人的经历，把你经历的顺利跟不顺利的事跟大家分享一下。

（2）加入适当字词——花心思增加你的词汇，试着用新的词语，找出更多新鲜有趣的说法，来解说你要传达的重点。

（3）适时地走动　　不要像雕像一样，僵硬地站在同一个地方。

（4）学习如何有效使用视觉辅助工具——不要弄得太复杂，要让听众一下子就能了解。大部分的电梯汇报都是临时发生的，所以你通常没有办法用视觉辅助工具来协助说明，但如果有机会，就多多利用吧。

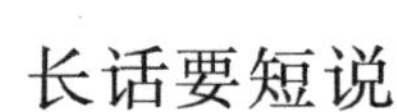


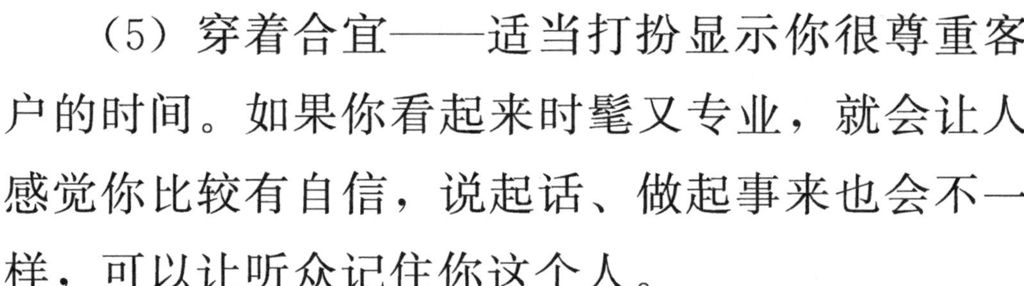
（5）穿着合宜——适当打扮显示你很尊重客户的时间。如果你看起来时髦又专业，就会让人感觉你比较有自信，说起话、做起事来也会不一样，可以让听众记住你这个人。

一想到要公开汇报或是在一群人面前说话就会紧张，这是非常自然的。唯一的解决之道就是练习、练习，然后再多练习一点。你汇报的次数越多，就会越熟练。不要忘了提醒自己，电梯汇报不需要做到百分百完美。对方本来就不知道你打算说些什么，他们手上不会拿着剧本，逐字确认你有没有讲对，所以放轻松吧。

## 关键思维

全力以赴，拿出你真诚的声音，相信“电梯汇报效用”的威力。带着你整理好的信息，时刻准备出发，让自己能够赢得机会，让别人好好听你要说什么。

——泰瑞·舍丁

# 三　让听众听你说话

要让听众听你说话，你必须做到以下事项：

1. 找出你的目标听众。
2. 做好你的功课。
3. 大胆去做，享受乐趣。
4. 多准备几份内容。
5. 先学会走再跑。
6. 努力不懈。

想好电梯汇报的草稿之后，接下来就是要走出去，找到汇报的机会。找到了对的听众，将会得到意想不到的成果，连锁反应也可能相当惊人。但是要享受连锁效益，你必须先让火车动起来，或是套一句谚语来说："在祷告的同时，你也必须自己做点什么。"

### 1. 找出你的目标听众

要让电梯汇报能够发挥功效，你要做的第一件事，就是找出理想中的对象。列出一张名单，然后努力找到相关人士，以便联络上名单中的人。一定要有办法把脚踏进门内。

此外，你也应该找出，谁能够把你介绍给你真正想要对话的那个人。想好你要怎么跟这些人说，他们才会愿意替你介绍。如果你很有心，自然会找出办法。

### 2. 做好你的功课

努力让重要人士愿意听你说话的同时，一定要带着热情，彻底地做好功课。你找出来的资讯，有助于你找出特定的方法来触动你的听众。

举例来说，某个人负责一家汽车代理商的广告事宜，有一次，某广告公司的老板想要认识这个人，结果这位老板想出了一个绝妙的点子，让对方与他见面。他在 12 小时之内，每半小时就送 1 种汽车零件到对方手上。零件送达的时候，

还会附上几句话。例如送车灯过去的时候，他附加的信息是："我们会为你们指点'明路'。"送挡板过去的时候，写的是："我们会在后面保护着你们。"送方向盘的时候，广告公司保证："我们会引导你到正确的方向。"最后一天结束时，这家广告公司一共送过去 24 个汽车零部件，以及 24 则独特且让人印象深刻的信息。最后这家广告公司成功地与对方见了面。

不过不要忘了，你可能用了许多创意让对方愿意见你，但取得碰面机会之后，你仍然要带给对方扎实而且有力的内容。电梯汇报只不过是让你有个开始的机会，而不是完整的销售过程。你要做的功课之一，就是计划好整体的销售流程。

**3. 大胆去做，享受乐趣**

你可以通过赞助某些企业活动，替自己争取电梯汇报的机会。你可以自行赞助，也可以跟别人一起赞助。各种场合都可以让你遇到新朋友，只不过他们目前可能还不知道，自己需要你的产品与服务。你有各式各样的选项：你可以办派对，可以租下贸易展的摊位，也可以赞助高尔夫球锦标赛球洞等等。

你可以成为某些团体的一员，把那里当作一个平台来进行电梯汇报。只要是让你有办法与他人接触，有机会让别人听见你的声音，就可以尽量去尝试。你可能会发现，这一类的机会其实就在你的眼前，只是你以前从来都没有好好利用而已。

**4. 多准备几份内容**

进行电梯汇报之前，最好精心准备几份不同的内容，这样你就可以依据现场状况，挑选你所需的电梯汇报。

多准备几份内容也代表着，在需要时，你可以把好几份汇报串在一起，变成一个比较长的内容。里根当美国总统的时候就是这么做的：他在口袋里放了几张提示的小卡片，每张都写着不同主题的 3 分钟电梯汇报资讯。只要有机会，他就

会从中选择 2～3 张，利用它们来发言，然后再悄悄地把卡片塞回口袋里。这个方法在里根身上发挥了很大的功效——人们称他为“伟大的沟通家”。

| 电梯汇报卡 | |
|---|---|
| 开场白 | |
| · 抓住听众的注意力…………………… | ! |
| · 告诉他们你接下来要说什么………… | |
| 此次电梯汇报的主要内容： | |
| · 重点#1…………………… | # |
| · 重点#2…………………… | |
| · 重点#3…………………… | |
| 结论： | |
| · 总结…………………… | ⇐ |
| 结束：请听众采取行动 | |
| · 请对方安排下一次会面…………………… | √ |

建议你准备一些空白的电梯汇报卡，试着事先准备 3～4 份不同的电梯汇报，每个卡片的切入点要稍有不同。模仿里根的例子，把那些卡片放在你的口袋里。无论何时，只要一有机会，就马上拿出来使用。事先做些准备工作，你才能在

有不同需要的时候，及时调整你的汇报内容。

现在，你可以把几份电梯汇报内容上传到公司的网站，告诉客户目前公司的近况，或者任何你想到的内容，用此来引起客户的兴趣，与他们约定后续的会面。潜在客户在网络上看到之后，可以随意停止或快速转发，也可以重复播放，反复听重要的地方。你传递的信息应该要非常吸引人、深具说服力，而且步调要快，毕竟电梯汇报只有 3 分钟长。这样的汇报非常适合现在企业的步调。

### 5. 先学会走再跑

就算你只准备了一份主题简单的电梯汇报内容，在对潜在客户进行汇报之前，也一定要从头到尾先练习一下。一开始的时候，先从内容已练到滚瓜烂熟的简单汇报开始着手。渐渐地，你就可以发展出比较复杂的版本，但别忘了“千里之行，始于足下”。

准备好自己的电梯汇报内容之后，不妨先对

着朋友进行练习，让他们来评估你的表现。请朋友帮你计时，这样你就知道，要完成这份电梯汇报内容需要多长时间。努力让自己变成更好的演讲者时，请好好参考朋友的意见，并利用那些意见来修正你的电梯汇报内容，让内容变得更完美。

此外，以下方法也可以帮助你改善及润饰你的电梯汇报内容：

◎组成一个“小团体”，召集同样有心精进汇报技巧的朋友。你们可以轮流进行电梯汇报，彼此提供建议，看看怎样才可以做得更好。

◎在公司里安排正式的练习工作坊，让自己可以对着更多听众进行练习，并评估他们的反应。

◎每次做完电梯汇报之后，都要花几分钟时间进行自我评估，想一想自己有哪些地方需要改进。下次再做汇报的时候，就针对那些地方进行改进。

◎要让自己准备好可以马上进行电梯汇报，这样等机会真的出现时，你才可以立刻开始。

**关键思维**

不要期望事情变得简单，而是要期许自己变得更好。不要希望世界上的问题能够少一点，而是要期许自己能拥有更多技能。不要期盼人生的挑战会少一些，而是要希望自己拥有更多的智慧。

——吉姆·罗恩，哲学家

### 6. 努力不懈

你可能会想“到时候再说”，想临场发挥，而不是想着事先下功夫准备电梯汇报内容。每当你出现这种情绪时，记得提醒自己，不管是哪一个行业，任何成功都不是偶然的。各行各业的佼佼者之所以能够爬上顶端，是因为他们拥有自律，不断地鞭策自己。想要拔得头筹，

就必须付出心力去准备电梯汇报内容，让自己变得更好。

你永远不知道机会什么时候会出现，让你能够简要地告诉别人你的工作内容是什么。别忘了，电梯汇报要做的不是在 3 分钟之内完成销售，而是要传球。你的目的是要引起听众的兴趣，让对方愿意听取更多的资讯。只要你能让对方与你约定下一次的会面，你的电梯汇报就成功了。如果对方说“谢谢，不用了”，那也没有关系，你可以继续下去，向下一位潜在客户做汇报。

这就是我们一直在讨论的“电梯汇报效用”。在某些时候、某些情况下，一个简短有力的信息可以对结果产生巨大的影响。你永远不会知道，一次成功的电梯汇报会带来什么样的惊喜，因此你不但“可以”，也“应该”随时准备好进行电梯汇报。

## 关键思维

募款人、售货员、家庭主妇、企业家、艺术家及学者都需要学会电梯汇报，原因就在于电梯汇报有用！经过细心准备的电梯汇报，可以让理论上听起来是好主意的东西，有机会发挥具体的成效。今时今日，小型汇报已经到达了一个全新的层次，长度方面已经增加到大约 2～3 分钟。汇报必须说服人，而不只是提供资讯而已。此外，在今日这个竞争的世界，电梯汇报在短短几分钟内，就可以让优秀的人才胜出，淘汰掉普通的竞争者。电梯汇报只要 3 分钟，就可以影响一位重要人士，或者让好几位听众同时产生兴趣，让你得到未来的多次会面机会。因此电梯汇报可以让你的时间发挥极大的效益。

——泰瑞·舍丁

# 四　电梯汇报范例

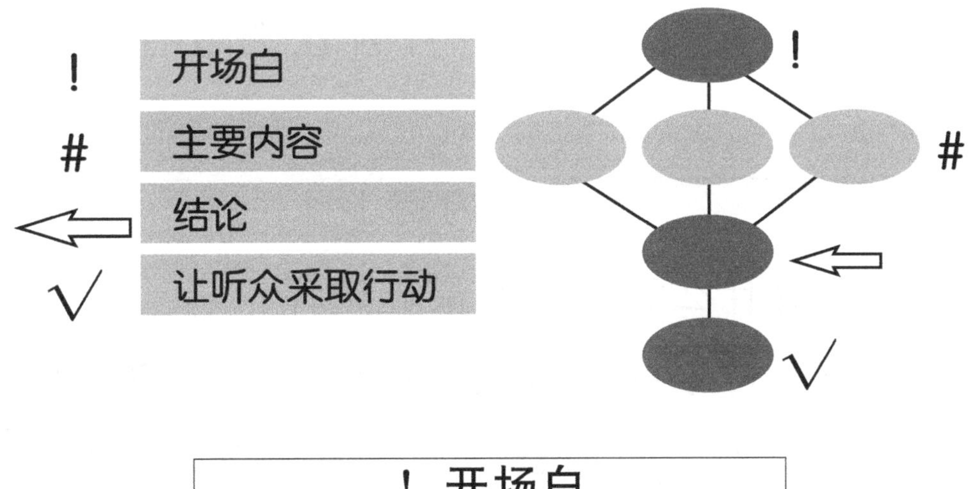


## ！开场白

（1）抓住听众的注意力。

大家早安。请想象一下，您的老板刚刚过来找您，要您写一篇文章刊登在公司的通讯刊物上。您只有 48 小时的时间，而您想不出来要写什么。您就是挤不出半个字，这时该怎么办？我是乔治斯，我可能有办法解决您的难题。

（2）告诉他们接下来的内容是什么。

您可能没有听过我所从事的行业。我是一位自由作家，我必须在很短的期限内写出指定的文章。在接下来的 3 分钟里，我将要告诉各位，我如何能够省掉您的麻烦，并且让您节省时间和金钱。

**#主要内容 1**

（1）为什么我是您的最佳选择？

您需要写东西的时候，我可以当您的秘密武器。我会聆听您的想法，并使其化为文字内容。这是我的强项，我有 20 多年的经验。如果我们共同合作，最后写出来的文章，语气听起来就像是您自己写的。

（2）证明/例子。

我在日报的最前线工作了 20 年，我的写作是专家级的，您可以相信我。

（3）所以呢？

也就是说，我可以省掉您的麻烦。不管您要

写哪方面的，我都可以协助您。我可以让您交出令人惊艳的文章，让众人对您刮目相看。

## #主要内容 2

（1）为什么您应该选择我的公司？

我可以节省您的时间以及免除一切麻烦。因为我是自由工作者，所以您随时可以把文案交给我，自己去做更紧迫的事。我可以增加您的生产力。

（2）证明/例子。

我是怎么办到的？请让我告诉您，要是没有真正的实力，是无法在新闻界待 20 多年的。我的客户都知道，我可以在 48～72 小时之内把他们需要的文字交出来。

（3）所以呢？

您不需要自己费尽心思，花上好几个小时写一篇文章。您只需要花几分钟的时间，告诉我您需要什么，然后我自己就会去找相关资料，而您可以去做更重要的事。

**#主要内容3**

（1）为什么是现在？

今日的经济形势充满了挑战，许多企业对于员工人数都精心掌控。而我是独立工作者，可以帮您省钱，因此您有需要时可以再来找我。

（2）证明/例子。

我的经营模式是填补贵公司空缺的那一块。我提供合理的价格，而且我跟许多产业的公司都合作过。您可以省掉很多麻烦，不需要聘用与培训专职的技术文件撰写人员。

（3）所以呢？

也就是说，您可以借此增加盈余，贵公司不需要聘用全职的技术文件撰写人员。您可以把省下来的钱用在公司的其他地方，以创造更大的收益。不必增加经常性费用，也不用长期聘用人员。

**⇦结论**

所以下次您面对不可能的交工日期，或觉得

完全挤不出灵感的时候，您可以打个电话给我。您不用一个人躲在墙角思索，也不必自己绞尽脑汁。我能够帮您，想好那篇文章从头到尾要写些什么。我有办法让您放心，还可以节省您的时间。说不定找我帮忙而让您省下的心力，可以让您完成更多笔交易。

### √让听众采取行动

（1）我希望能够带给您什么。

我希望能够成为您专属的写手，日后只要您有需要，无论何时何地都可以找我，我会很愿意成为您公司的秘密武器。

（2）邀请对方与你约定时间会面（或是其他的下一步）。

今天的活动结束后请来找我，我们可以约个时间讨论您的任何需求。您来找我时，我也会免费送您一篇文章《白皮书对今日营销有益的十大原因》。感谢各位今天给我碰面的机会。

## 关键思维

不要忘了，没有人是完美的。我看过很棒的演讲者“火力全开”的时候，也看过他们“摔跤”的时候。我们都有表现良好与表现失常的时候，但都没有关系，你不用做到完美！我们能做到的，就是百分百的努力，不断地练习，试着让自己“火力全开”的日子多过失常的时候。我写过效果非常好的电梯汇报内容，也写过很失败的。相信自己，相信自己的能力。你可以的，给自己一个机会，给自己的梦想一个机会，带着梦想前进吧。小小的信息可能会带来大大的影响！问问自己：“为什么那个人不是我？”你可以是那个成功的人！

——泰瑞·舍丁

# 三句话征服人心

要整理出具有高度说服力的汇报是一大挑战。如果在准备汇报的过程中，能够做到有条有理而且结构分明，那么就能够在24小时内搞定很多事情。这24小时甚至不必连续，可以拆成一段段较短的时间。

要做好汇报的准备工作，重点就是要依计划行事，先想清楚要准备哪些内容，然后尽可能快速有效地把一切准备妥当。这么做就不必白费工夫反复做同样的事，也不用再做任何可能会浪费时间、精力和资源的工作。

## 关键思维

每个人迟早都需要进行汇报。在商场上，

汇报形式可能是业务拜访，向部门主管提出汇报，或是对客户做报告等；也有可能是你获邀参加大型会议的专题讨论，或是发表主题汇报。如果是要向投资人说明事业计划书，向银行贷款，或是努力要抓住一位大客户，那么公司的未来可能就要看你汇报的表现了。只要汇报能够说服听众赞同自己的观点，就能达到预期目标。只需了解一些简单的技巧，学会用最有效的办法选择并整理汇报内容，汇报的技巧其实是可以通过学习持续改进的。汇报的经验越多，表现自然就会越好。

——蓉达·雅布兰

古希腊哲学家亚里士多德曾在《修辞学》一书中，提出几项成功发表公开汇报的原则。对亚里士多德来说，说服力的核心包括 3 项原则：气质——演讲者的可信度；情感——演讲者的感性诉求；理念——演讲者的理性诉求。亚里士多德的原则历久不衰，所以在设计汇报的时候，要牢记这 3 项原则。

——蓉达·雅布兰

做汇报的方式，重要性不亚于汇报的实质内容。做汇报时的表现越好，就越能清楚传达自己的诉求，并促使听众采取行动。听众觉得你有没有权威感、谈话有没有内容，还有你讨不讨人喜欢，与你的仪态、语调、穿着以及手势都有关系。既要练就具有说服力的汇报风格，又要让风格符合自己的习惯和个性，可以采用下列方法：

（1）检视口语表达方式——判断自己哪些方面必须加强。做汇报要能达到专业水准，必须注意下列几件事：

◎音量要够大，让听众可以听清楚你的汇报。

◎咬字要清晰。

◎讲话速度要让听众觉得适中。

◎想清楚为了强调重点，什么时候该快、什么时候该慢。

◎说话声调要自然。

◎要表现得充满自信。

最懂得做商业汇报的人，会配合听众的背景来做汇报，也会运用强有力的措辞。这些措辞不仅生动，而且是以行动为导向的。要检视自己的汇报风格，可以把你练习的过程拍下来，然后找出自己的缺点。在实际上台汇报之前可以练习2～3次，你会很惊讶地发现，只要稍稍调整，就可以让自己的汇报更加精彩。

（2）评估肢体语言——你给人的感觉是信心满满还是忐忑不安，和肢体语言有很大的关系。因此你必须注意下列几点：

◎汇报时要展现出权威感，而且要投入。养成习惯，汇报时要挺直身子。不要倚靠在任何东西上，也不要流露出坐立不安的样子。

◎适时走动：在讲台上走动时一定要有特定目的。可以利用动作来强调某些重点，并提醒听众哪些地方要特别注意。

◎如果是和其他研讨会成员同坐一桌，坐姿就要端正，或者身体微微前倾，别人说话的时候要注视对方。

◎保持眼神接触：眼神要一直放在听众身上，但不要死盯着听众。

◎使用手势来强调重点，让听众在视觉上有不同的变化，也让自己显得轻松又有自信。

（3）谨慎选择穿着——要考虑到下列几项因素，例如：

◎汇报地点。

◎听众的穿着。

◎汇报类型。

◎汇报时间。

◎当地听众喜欢正式还是休闲的穿着。

◎汇报是在一年中的哪个时节。

# 长话要短说

让沟通更有效的 4 项关键做法

# Brief

Make a Bigger Impact by Saying Less

# 原著作者简介

约瑟夫·麦考马克(Joseph McCormack),毕业于洛杉矶罗耀拉大学,谢菲尔德公关顾问公司创办人兼CEO。能说一口流利的西班牙语,拥有广泛的国际经验。专门为美国陆军领导人和企业高级主管提供咨询服务。其他客户还包括哈雷摩托车、哈里斯银行、SAP、万事达卡、亨氏及USG Corporation。

本文编译:黄玩

# 主要内容

# 滔滔不绝没重点，OUT！

现在每个人都十分忙碌，也承受着过量资讯的冲击，因此会希望你尊重他们的时间，不希望你滔滔不绝却毫无重点。今天，要影响或说服别人，你需要快速切入重点，说话要简洁清楚，并且长话短说。

日本经营之神松下幸之助曾说："企业管理过去是沟通，现在是沟通，未来还是沟通。"关于沟通的重要性，这里已经无需赘述。在很多场合，我们仍旧可以看到滔滔不绝、自说自话的景象，结果不是令人不快，就是浪费时间、金钱和资源。凡此种种都透露出一个显而易见的事实：想要有效沟通，让别人听进你说的话，你就必须学会"长话短说"。

## 1. 因此更要尊重对方的时间

看看以下几个数据：

◎专业人士平均每周收到 304 封电子邮件，但大多数人每天只能浏览 50%甚至更少。

◎这些专业人士平均每小时 36 次、每周 38 小时在查看手机，这种注意力分散的现象已扩散到生活中的各个领域。现在，人们的平均注意力已从 12 秒缩减到 8 秒。

◎雪上加霜的是，70%的汇报者无法在 1 分钟内说清楚他们真正想做什么。

由此可见，现在比以往更迫切需要有效的沟通。事实上，长话短说就是落实“精实沟通”——把沟通视为一个过程，消除不必要的浪费，以最好品质、最低成本、最快速度，在适当场合提供最有效的沟通。一旦学会简单清楚地解释一件复杂的事情，你就会更有说服力并且更具可信度。

约瑟夫·麦考马克曾为美国陆军特战司令部

设计课程，一开始也很惊讶军队中部分精英成员竟然不善沟通。他们做任务汇报时内容冗长、琐碎、令人难以消化。在经过约瑟夫·麦考马克设计的叙述课程训练后，情况有了显著改善，他们在解释复杂任务时，已经可以清楚地描述内容，并做出令人信服的解释，可以更有效地传达复杂的资讯。他们不再使用大量幻灯片，却促成参与度更高的对话。《长话要短说》的内容便是从这套课程衍生而来。

**2. 认知事实，遵守规则，下定决心长话短说**

《长话要短说》分成 3 个部分，缩写为 ADD 法则：

（1）认知（Awareness）：你要有所认知，若不能做到简洁扼要，就会失去听众的关注。

（2）规则（Discipline）：你要有一套清楚描绘想法的操作系统，让自己成为精实沟通家。

（3）果决（Decisiveness）：你要果断辨识出

关键时刻，知道何时长话短说会产生巨大的效益和回报。在这样的时刻，你说的越少，赢的就会越多。

无论在公司、家庭或是其他场合，还是在面对报刊媒体、社会大众，都可以适当地运用长话短说的技巧，除了消极地避免“言多必失”、“祸从口出”，更积极的意义是可以让你的发言对人对事产生你所期待的影响。

正如同约瑟夫·麦考马克所说：“你在想要多说一些的时候，要下决心少说一些。能在这种欠缺注意力的经济环境中胜出，甚至茁壮成长的人，都是精实沟通的高手。他们脱颖而出，让自己的想法被看到、被听到，使自己的公司获得成功。下定决心长话短说是你绝对不能妥协的标准。”

# 一　认知：为何需要长话短说

人们每天都受到海量信息的洗礼，今天比过去更严重。如果你漫无边际地唠叨不停，即便你仍在说话，人们还是会分散注意力去做其他事。因此首要任务是在听众分心之前让他们上钩。如果你遵守规则且准备充分，可以快速切入重点，然后完成任务，那么你的客户就会感谢你。

目前，沟通上真正的挑战大概类似下图所示：

150字　隐匿的600字　750字

人们一分钟大概可以说 150 个字，但是人的大脑一分钟却可以消化大约 750 个字。

这种现象创造出一种可以称为“隐匿的 600

字”效应。它是指听众在听你说话时也会同时思考其他事情。如果你不尽快切入所要讲述的内容重点，那么即便听众就算站在你的正前方，你也一样会失去他们。

要抵消隐匿的600字所产生的效应，你说的话必须明确、简洁并具有信服力。换句话说，你必须长话短说。

快速切入重点并且去掉废话确实不容易。你必须这样做，不然人们就会把注意力转移到其他事情上。这只是隐匿的600字效应自然产生的结果。

在你向某人说“这只需要用一分钟说明”时，你会看到他们的压力等级几乎立刻下降。各个产业几乎都存在下列4股压力：

（1）大家都觉得应接不暇——因为有一大堆电子邮件、短信、杂志、博客和电视节目。人们好像被信息淹没了一般。

（2）每个人都不知道该如何保持专注和拿捏轻重——因为一大堆事情让人们身心俱疲。

（3）员工经常被打断工作——一项研究显示是每 8 分钟一次。也就是说，在一天工作 8 小时中，会有 50～60 次中断的情况发生。

（4）每个人都变得没有耐心——大家自然而然地希望事情能够加快进行。

这一切代表的是，如果你不能针对自己想要表达的内容，快速、简洁地切入重点，人们很快就会失去耐心。你想要提供太多细节，但他们却根本不想理会。现在必须严谨打造你的构想，否则听众根本不会把时间挪给你。

长话短说操作起来难以掌握，主要有以下 7 项根本原因：

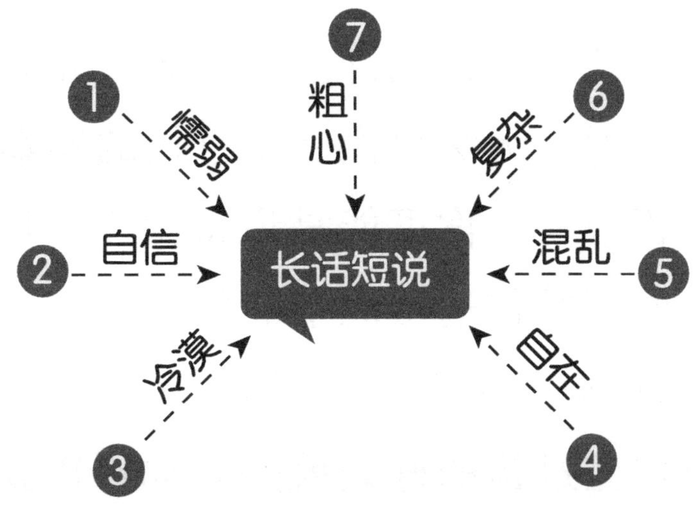

（1）懦弱——有时候是你不敢站出来表明立场。你想避免因为受到挑战而必须捍卫自己的立场。

（2）自信——你比较喜欢一直讲话，以展现自己对某个主题拥有丰富的知识。

（3）冷漠——你可能以自我为中心，以至于完全不尊重听众的时间。

（4）自在——你或许与对方相当熟悉，所以觉得可以占用大量的时间。但有时候熟悉也会造成问题。

（5）混乱——你或许想要边想边说，所以就一边思考一边闲聊。

（6）复杂——你或许坚信对方一定得知道那么多内容，但是无法提供一个直接的答案。

（7）粗心——你可能是说得太多，以至于最后变成绕圈子并传达出混杂的信息。

这些基本过错让你很难成为一位精实沟通家。了解这些过错的好处就是，你可以找出自己

需要努力的地方，致力于成为长话短说的专家。

## 关键思维

长话短说代表的不只是简洁而已。你的责任是，弄清楚要花多长时间才能好好传达一个信息，促使对方采取行动，保持适当的平衡。当长话短说能够引起适当的共鸣时，也就是获得平衡的时候。

——约瑟夫·麦考马克

没有人想浪费额外精力去弄懂你真正想说的是什么。一开始就用标题进行表明，组织你将要叙述的内容，然后一样用它来进行总结。聆听时感觉“这对我有什么影响?”是很自然的。你必须在结尾用一句妙语，或是开场时用一个标题，点出价值所在。

——约瑟夫·麦考马克

成功人士都会要求长话短说，一旦做不到也绝不容忍。当他们的同事或下属抓不到重点时，这些大忙人会很快失去耐心。如果你被掩埋在数百封电子邮件当中并且整天都在开会时，你根本就没有时间去听人唠唠叨叨。

——约瑟夫·麦考马克

你开始沉醉于自己谈论的内容时，就是该住嘴的时候了。根据媒体专家唐·布罗登的说法，在采访中停止说话的最佳时机，就是当你已经对自己热衷的事物提供了清楚的回答，并且还想说更多的时候。要遵守停止的规则，让记者了解你说什么之后，再请你做进一步阐述，这叫做得到允许的暂停。

——约瑟夫·麦考马克

# 二 规则：如何长话短说

仅仅知道自己为何应该少说话是不够的，你还需要一个可行的系统，确保自己可以持续保持专注，没有偏离正轨。

长话短说不会无故发生。要做到清楚简洁，你必须精通并采用以下 4 项关键做法：

| 擘画 | 述说 | 展现 | 谈论 |
|---|---|---|---|
| 利用BRIEF蓝图进行浓缩和删减 | 运用讲故事的叙述手法清楚阐释 | 采取TALC对话法而非自说自话 | 运用视觉图像捕捉想象画面 |

长话短说

### 1. 擘画：利用 BRIEF 蓝图进行浓缩和删减

长话短说的第一项关键就是针对你要讲述的内容准备一份大纲。准备大纲而非即兴发挥，这种方式会产生许多好处：

（1）你会觉得准备更充分——比起那些拐弯抹角借机整理自己思绪的人，你会显得更专业。

（2）你会更有条理并且更明确——你会了解自己所有的想法是联系在一起，而不是杂乱拼凑出来的。

（3）你有办法掌握每件事的来龙去脉——当大家被细节困住时，你可以从旁点拨大家。

（4）你会更有自信——因为你事先就知道自己想要说什么。

## 关键思维

长话短说就是在讲准备和预先组装。当你成功地准备好传达这些重要信息时，你就会相信自己已经彻底地想通观众所需的关键信息。你给大家提供的是预先架构好的信息。专业人士会错误地放弃大纲，而 BRIEF 蓝图正是一种新的视觉化大纲工具，可以协助你让信息变得简明扼要。

——约瑟夫·麦考马克

## BRIEF蓝图

要想长话短说，就要为自己的演讲开发并且运用BRIEF蓝图：

**标题** 想出一个强有力的标题，它就是你希望别人记在心里并带走的信息。

**B 背景** 声明你今天为何来到这里。或许可以联系到先前的会议或提案。

**R 理由** 接着你要提出标题——一条你希望大家记住、带走的关键信息。

**I 资讯** 列出3项你今天要讨论的关键要素或重点。

**E 结尾** 你需要迅速表示自己要结束了，然后概述接下来的几个步骤。

**F 追踪** 你要预期他们可能会提出什么问题，然后再重申那些关键重点。

为了说明这一点，你的BRIEF风格大概是这样的：

**标题** 项目正如期进行而且将按照预算准时完成。

**B 背景** 我今天会在最后总结时更详细地回答他们的问题。

**R 理由** 为了向前推进，我们现在必须运行这些预算项目，以便事情保持正常运作。

**I 资讯**
1. 这是已经完成的进度。
2. 我们仍旧按照日程规划进行。
3. 这些是目前必须具备的项目。

**E 结尾** 如果你们能接受目前的进度，我就会提出报价和交货信息。

**F 追踪** 这个项目应该不会导致任何停工，或是超出我们的预算，而且风险也都已经被处理了。

这份 BRIEF 蓝图会让你保持正轨，简洁扼要地呈现一切。它协助你架构自己的演讲，让你得以快速呈现，而不是让观众紧张地看着自己的手表，好奇还要花多长时间。通过这些准备，你就能够“做到长话短说然后结束”——这是在工作场合长话短说的缩影。

**关键思维**

要说出你的标题，不然就有失去观众的危险。标题会抓住人们的注意力并留在他们脑海里，效果就和影像一样。标题就是吸引人们上台拿资料的东西。当企业人士叙述标题的时候，其实是借鉴了新闻工作的手法，借此架构一个主题以吸引人们想听到更多内容。

——约瑟夫·麦考马克

### 2. 述说：运用讲故事的叙述手法清楚阐释

人们受不了官腔官调。要克服杂乱并让人们

通盘了解，其方法就是告诉他们有趣的故事。不过要记住下列这些建议：

（1）故事要简短——不然就有失去观众的危险。叙述要有重点，不要被自己的声音冲昏头脑。

（2）设法进行美化——取材来自电影或类似YouTube上的视频。幽默也具有绝佳的效果。

（3）加入正确的元素——绝佳故事都会有强有力的标题、明确的冲突感、英雄和坏蛋，以及化解冲突、令人难忘的解答。述说有吸引力的故事。

（4）不要使用“很久以前”的虚构故事——它们会变得太深奥、太混乱。采用的故事应该着重在商业议题、新趋势和市场动态等方面。

（5）教导员工如何讲述精彩故事——帮助他们学会说紧凑的故事。故事要简洁，这样才能在企业场合发挥成效。

进行理想叙述的关键要素是：

◎焦点——故事的寓意为何?

◎挑战或是场景——这里有什么问题?

◎机会——你能借此做些什么?

◎方法——如何、何处和何时。

◎结尾——你成就了什么?

◎收获——这对你有什么意义。

**案例分享：乔布斯**

要看这个叙述蓝图的实际运作，可以以史蒂夫·乔布斯为范例。他在 2007 年 Mac World Expo 大会上介绍苹果的新 iPhone 时，便采用了叙述手法，可以说相当符合这个蓝图。这次演讲被推崇为商业界的永恒经典，这要感谢乔布斯运用了令人信服且迷人的方式，让他的叙述有了生命。

他在演讲中运用的叙述蓝图如下：

| | |
|---|---|
| 焦点 | 今天苹果将重新发明电话。这个新产品该变了一切。 |
| 挑战 | 今天最先进的电话被称为智能手机，但是它们并不容易使用。 |
| 机会 | 苹果觉得自己必须挺身而出，创造一台设备，解决用户面临的难题。 |
| 方法 | 1. 改良使用者界面。<br>2.不需要触控笔。<br>3.我们制造了一件更聪明的产品。 |
| 结尾 | 我们生产出一项超越前人的产品，它不仅更聪明，而且也更容易使用。 |
| 收获 | iPhone现在已经上市。去买一部，看看你是否同意它改变了一切。 |

### 3. 展现：采取 TALC 对话法而非自说自话

绝大多数人对那种无止境的自说自话都会觉得厌烦和沮丧。要长话短说，你就必须用受控制的对话取代自说自话。这样的对话是要让大家一起说话、积极地聆听彼此，并且带着被了解的感受离开。

如果自说自话像高尔夫球赛，那么受控制的对话就像是网球赛。你说了某件事，接着他们就会回应。这种方式会引导你根据他们叙述的内容前进到下一个重点，然后再依序进行。要想有一套经过架构的对话，就要使用TALC蓝图：

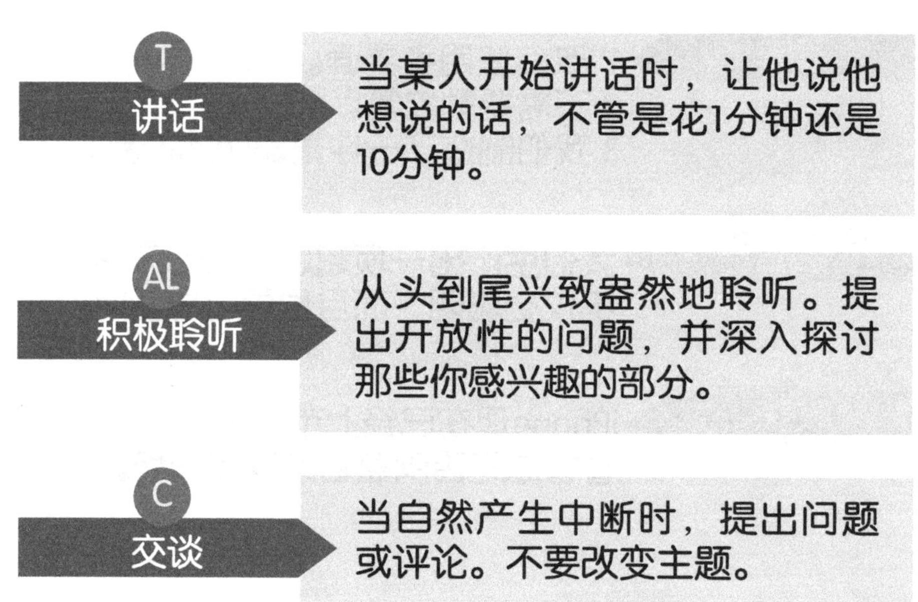


## 关键思维

长话短说的重点在于，了解和你谈话的对象重视的是什么。关注他们列为优先的事项，代表你尊重他们、尊重他们说的话、尊重他们聆听的方式和他们珍贵的时间。受控制的对话并不是要你在对话中像控制自己一样控制对话。这正是让你成为有效沟通者的重点所在。

——约瑟夫·麦考马克

积极聆听是达成长话短说的基本技能。有点讽刺的是，长话短说却时常被认为是在删减沟通的内容。然而你没说话时听到的内容，才真正能帮助你决定听众认为什么是重要的。

——约瑟夫·麦考马克

积极心态不应该变成伶牙俐齿的引擎。我们把心里想到的一切说出来的时候，就一定要遵守规则。

——约瑟夫·麦考马克

要遵守规则、心怀敬意，并且准备周全，你的客户才会感谢你。

——约瑟夫·麦考马克

你的听众要被淹没了，长话短说就是他们的

救命索。

——约瑟夫·麦考马克

当你觉得自己有趣得令人无法抗拒时，那么你应该结束的时机也就已经过了。

——约瑟夫·麦考马克

遵守 TALC 蓝图是明智的做法，因为它让你准备好应付一切。你可以运用基本的 TALC 法则处理冲突和一致的意见。更棒的是，你可以用它让对话持续围绕主题，然后达成你的既定目标。TALC 既能让你展现出对其他人的尊重，又可以保持对话不离主题且取得进展。

TALC 对话的关键是成为一位积极的聆听者。绝大多数人都是很差劲的聆听者，他们不会听对方在说什么，反而会分心思考自己该有什么回应或纯粹做白日梦。

积极聆听有很多好处：

◎通过他们说的话，你可以综合及归纳对方的意思。

◎如果你努力做一个积极的聆听者，你就没有机会说太多话。

◎积极聆听会促成后续的对话。

◎积极聆听让你产生更多联系且更人性化。

**4. 谈论：运用视觉图像捕捉想象画面**

长话短说的最佳做法就是使用图像沟通。就像俗话说的，一幅图画胜过千言万语。当世界从依赖文字转变为更重视视觉化时，这句话在今日也就变得更加真实。

所有最受欢迎的社交媒体都采用图像模式：品趣志（Pinterest）、汤博乐（Tumblr）、Instagram 和 Vine 都是。如果你可以把自己想讲的故事或尝试阐述的重点联系到一幅有趣的图像上，你就会得到更多关注。

那么你可以在哪里找到让自己言语更有趣的图像呢？一些建议如下：

◎用 Google 搜索你的主题，看看可以找到什么。

◎在演讲过程中现场画一些图案。已经有现成的软件可以做到这件事。

◎在网络上寻找契合或可以说明自己关键重点的现成视频。

◎制作自己的视频。

◎使用白板说明自己的理念。

◎准备一些小物品进行边说边展示的演讲。

◎利用网上演讲服务，产生截然不同却可能更吸引人的演讲风格。

◎找到一些可供使用的绝妙照片。

◎使用图像来代替频繁的用语，让你的内容更出色。

很多企业现在转而采用信息图表，以迷人的形式来呈现信息，你也可以参考办理。IKEA特别擅长此事。如果你在IKEA购买过任何东西，你就会发现组装说明书里没有任何文字——只有图片和图解教你如何完成组装。其他公司（如Eloqua）也有一些精美的信息图表，用生动的方

式结合文字和图解。

用视频讲故事一样具有非常好的效果。YouTube每天都会更新成千上万个视频。许多企业都在建立自己的YouTube或Vimeo频道，用影像呈现自己的故事。企业要想成功使用视频，关键在于：

◎保持简短，并且时刻围绕主题。3～4分钟通常看起来效果最佳。

◎注意自己素材的品质。如果视频让人看起来或感觉起来很外行，那就不好了。

◎如果你的议题很复杂，就拆解成若干章节或是设计成一个系列。

◎尝试在每个视频中注入教育和娱乐两种成分。如果你这样做，就可能赢得粉丝，他们会热切期待续集。

◎智能手机录制视频的功能越来越好，或许更适合用它来捕捉某些具有自发性或高度话题性的事件。

◎在制作视频资料时，试着像广播人员而非营销人员那样来思考。

**关键思维**

许多研究显示，有65%的人靠图像进行学习。研究还显示，我们只记得住10%听到的内容、30%阅读的内容，但却记得住80%看到的内容。有鉴于这样的特点，通过视觉沟通就有大好机会，可以让我们提高沟通效率并且长话短说。

——约瑟夫·麦考马克

把长话短说视为责任、同理心和尊重，成为一位精实沟通家。想象就好像你有很重要的事要跟某个人分享，但他正要出门赶火车，完全没有多余的时间。以这样的态度对待所有人，即便他们并不赶时间。

——约瑟夫·麦考马克

每个人心中现存的疑问是："你能示范给我看吗?"你要满足这项期待，而且还要训练听众回来对你要求更多。

——约瑟夫·麦考马克

不论你以为自己拥有多少时间，总是要少花一点。当你提早结束会议，把时间还给他们时，忙碌人士就会注意到这点。我们花的时间必须比分配的要少，而且对人们产生的影响是一样的。

——约瑟夫·麦考马克

如果你想让他们对你要求更多，你就得少说一点。

——约瑟夫·麦考马克

我的野心就是把别人用一本书说出的东西现在用10句话说完。

——尼采，德国著名哲学家

## 三　果决：什么场合需长话短说

要做到长话短说，就必须有能力辨认出那些关键场合，也就是你必须有效传达重要内容的场合。

长话短说可以带来大量回报的10个场合是：

如果在上述每个关键场合都能做到长话短说，你就会做得更好，而且是好很多。

### 1. 会议

会议可能会很浪费时间。要想让它不再成为

生产力大量消耗的原因，有一些策略值得尝试：

（1）每场会议都要设定时间限制——谨慎观察你是否有办法让一切更快速地完成。把45分钟的会议缩短成21分钟并且坚持到底。大家都会热爱这种方式，也会热情地参与进来。

（2）如果你不能改变会议的议程，那么就试着改变会议的形式——一切事情都要做好规划，暗示大家要尽量简洁。尝试站着开会，让大家碰头聊聊、交换信息，然后回去工作。禁止使用软件，要求大家利用白板表达自己的想法。改变座位顺序。采用多种方法，根除那些老旧又令人厌恶的浪费时间的恶习。

**关键思维**

如果你必须用一个字眼，定义人类为何不曾，而且也永远不可能发挥自己的全部潜力，这个字眼应该就是“会议”。

——戴夫·巴里，普利策奖得主

如果你把一切都说出来，他们就什么也听不见。

——约瑟夫·麦考马克

（3）抵制那些垄断讨论的人——以礼貌的方式。指定一位“积极听众”，由他负责记录重点，鼓励在场的每个人表达自己的想法，而不仅限于主导者。也可以用“说话棒”一个接一个传递下去，鼓励大家把话说出来。你也可以为每个说话的人计时，并要求大家都必须遵守。

（4）把会议改成圆桌讨论——准备好桌子，然后让大家坐好。

（5）丢掉你的幻灯片——用简单明了的方式呈现你的理念和计划。让你演讲的内容成为他人毫无疑问的正确选择，而且有你在背后支持。对那些每天都要看一整天汇报材料的高级主管而言，这种会议会有耳目一新的感觉。

**2. 社交媒体和电子邮件**

社交媒体会让人上瘾是事实，而且简短的帖

子比冗长无趣的文章有效也是事实。如果你快速地切入重点，人们就会因此喜爱你。你也必须记住，有些人在忙碌时会使用智能手机联系，所以你一定要长话短说。

《财富》杂志专栏作家维恩·哈尼什是网上的简洁沟通大师之一。他对许多高级主管发表的信息深入研究后发现，75 个字是这些忙碌人士阅读一条信息的文字上限。他的每周专栏就是由 5 段 75 个字的内容所构成。

哈尼什发现成效较佳的文章通常具有下列 4 项要素：

1. 动人的标题
2. 可预期的篇幅
3. 紧凑的内容
4. 节省时间的主题

（1）在主题描述或标题上，你必须用粗体字表达吸睛的内容。

（2）帖子和电子邮件的长度最好只有几行，人们也会期待这种方式。

（3）你必须言之有物而且不啰唆。每件事都必须有存在的理由。

（5）尊重阅读者的时间。在他们必须知道的事项及背后的缘由之间取得一定的平衡。

如果人们大约只有30秒的时间来阅读你的帖子或电子邮件，那么你大概就不会犯错了。这种方式要求非常紧凑的编辑和规范。在社交媒体和电子邮件中绝对不能含糊其词。

**关键思维**

留下微小的数码印记，创造出更多更深的印象。

——约瑟夫·麦考马克

绝大多数人在移动装备上使用社交媒体。我称此为“掌上品牌”。使用者很有可能正在移动中——在地铁上、等着接小孩。归根结底，他们

都在做其他事。所以你一定要让这些智慧箴言、对话或是故事述说得更加简洁扼要。

——亚当·布朗，社交媒体先驱

### 3. 演讲

TED 演讲受到欢迎是因为演讲者严格遵守 18 分钟的时间限制。不容否认的事实是，你的演讲越简短，它的说服力可能就越高。

当你把复杂的议题浓缩成 1 页的摘要和 6 张幻灯片时，人们就会爱上它。这是困难的工作并且需要预先投入许多精力，但是如果你能够做到，就会让许多人前来要求更多。

让你的演讲更简短，关键是了解你的听众，说他们懂的话。如果他们对你的主题已经了解透彻，那么就直接切入你想表达的重点。如果他们不熟悉，你就先花 1 分钟引导他们进入状态。目标是用 15 分钟或更少时间完成你的演讲。

想要快速切入重点，需要：

（1）在准备演讲内容时要设身处地地为听众

考虑。认清他们来自何处，并联想到他们目前的信念。

（2）先回答最迫切的问题。从一开始就提出他们为何应该听你说的明确理由。

（3）定义你想解决的问题。用为什么做开场，然后用清楚、简单且图像式的语言说明自己提案的精髓，接着就可以下台一鞠躬。

（4）如果你讨论的是复杂的议题，选择其中最重要的层面并且专注于此。告诉人们，你很乐意在其他时间和地点探讨其他的层面。

（5）尊重你的听众。总是花比他们预期还要少的时间。

### 4. 销售说明

说得越少反而可能让你卖得越好。如果你保持简短的回答，大家自然就会更容易同意你。如果能够把信息用最简单的方式表达出来，你就会脱颖而出。这样的表达方式目标明确，重要的是能够减少听众混淆的机会。

一个理想的基本原则就是从你的推销讲稿当中，剔除一切听众自己能从网站上找到的东西。如果你能够缩减一切不必要的内容，使你的说明变成非常简单的版本，以此来解决他们的问题，你就会变得有说服力。专注于他们的议题，就他们真正的需求展开询问，谨慎地询问他们一些问题，然后对你的解决方案进行说明，这样你就有可能抓住听众的心。

假设你的听众已经忙翻了，你的说明一定要切入重点、直奔主题。

**关键思维**

良好说教的秘诀在于好的开场和好的结束，并且让这两者尽可能地接近。

——乔治·伯恩斯，演员

### 5. 说明新构想

每当你想到能够让自己或公司赚进数百万美

元的新构想时，要找出方法进行简单扼要的说明。这是所有伟大构想的决定性特征。长话短说会让大家对你的新构想产生良好的感觉。

在伟大构想和将之付诸实现之间有无数的障碍。你必须专注到疯狂的地步才能逐步予以克服，还要避免走进死胡同。你需要用一段简单明确的信息，来告诉你的共同开发者、投资人、供应商，以及未来的顾客。如果没有它，每个人都会掉头就走，而这远大的构想也会被损毁和糟蹋了。你需要的是大家都能了解的精简故事。

理想的原则是持续琢磨你的构想，直到你用5分钟或更短的时间就可以详细地说明。利用BRIEF蓝图简洁地厘清并归纳一切。向你的家人和朋友练习说明构想，直到你能得到一份简单扼要的说明为止。

**6. 非正式谈话**

你或许以为长话短说在非正式和偶然的会谈中并没有真正的作用，其实这是不对的。即使在

非正式的场合，你的语言表达也是越精练越好。

在一场会谈中说得越多，产生拖延进展的某种误解概率就越高。在任何场合或环境中都要坚持长话短说。

同样，明智的做法是提醒自己，说过的话永远不可能“不列入记录”。如果你说话不假思索，它可能就会回来缠上你。自己想到了什么，并不一定非得表达出来。如果你努力地练就长话短说，你就有更好的机会过滤自己所说的话。

就自己在非正式场合的表现，良好的测试工具是，当你在会谈中听到的全是自己的声音时，就要承认自己已经说得太多了。长话短说并且让其他人参与会谈，无论任何场合都要这样去做。

## 关键思维

绝大多数企业家对他们所做的事都具有极大的热情，以至于他们想象大家都会和他们一样热情地拥抱它。他们没有思考“我该如何说明才能让其他人了解我的业务?”你必须思考自己该如何做才能吸引其他人进来，然后让他们参与讨论，而不是一味讲话并且毫无重点。

——妮娜·纳许夫

Healthbox创办人兼CEO

简单就是表达的极致。

——沃尔特·惠特曼，美国著名诗人

### 7. 求职面试

接受求职面试是有压力的。不过如果你把目标设为进行一场受控制的对话而不是令人紧张的自说自话，你的面试就会进行得很顺利。那么你该如何做呢?

(1) 创建一份BRIEF蓝图，快速地说明自己为何够资格。

(2) 准备1～2则故事概括说明自己的成功事迹。

(3) 叙述内容要简洁扼要，提出的问题要妥当。

（4）聆听你的面试官在说什么，然后简洁地回答他的问题。

（5）如果你尝试提出3项重点，那么就把最重要的那项放中间，这样结尾时才不至于太匆促。

## 8. 传达好消息

即便你是在传达好消息，保持简洁扼要也会比含糊其词更容易被接收。如果你采用标题的形式传达好消息，让它进入人们的脑海里，你就可以等待了。在此之后，人们就可以追问他们想知道的任何内容。

如果你看到某位高度成功的人士在传达好消息，那么你会对他们的“感谢时间”感到印象深刻。这是经典的做法。你在赞美时要尽可能地保持诚挚和真实，传达美妙消息也正是致谢的完美机会。

以前娱乐圈流传的一句话“一定要让他们还想要更多”很有道理（来源一说是P.T. 巴纳

姆，还有一种说法则是华特·迪士尼）。这在商业界也是一种绝佳的沟通方式。即便你获悉大好消息，也必须长话短说。

**9. 传达坏消息**

如果你被要求去传达坏消息，快速进行总比拐弯抹角要好。你的目标是尽量缩短这种时刻，要快速简要地进行，不要拉长痛苦。

人们喜欢你对他们据实相告。传达坏消息时，你应该：

（1）简单且明确地说出必须说的话，然后给人们一些空间消化这个消息。不要期待他们在你说话的当下就能了解。

（2）避免争辩。

（3）指出随时都有门会关闭，所以他们现在应该专注于开启更新更好的门。

（4）要正直。如果长话短说，你也会是诚实的一个人。

（5）总是以仁慈、人性化且不偏不倚的态度来传达坏消息。

### 关键思维

医生首先告知我的是个好消息：有一个疾病将以我为名。

——史蒂夫·马丁，演员

所有事业都是一种表演形式，不要过度操作。

——杰夫·伯克森，高级沟通教练

### 10. 更新资讯

人们喜欢取得最新状况的资讯——特别是你的老板。要想真正擅长传达更新的资讯，你就要让信息变得紧凑，只用几句话就能传达清楚的信息。

如果你能得到不浮夸且能兑现承诺的好名声，那就相当不错了。你的心态应该是让人们看到自己在做什么而不是喋喋不休。

架构一份进度报告的好方法就是，针对对方真正想知道的3～4个问题，提供一句话的答案：

1. 提醒我——你正在做些什么？
2. 你进展到哪里了？
3. 我们可以顺利达成我们的目标吗？
4. 有任何事物会阻碍你吗？

如果你给他们直接且简要的一句话来快速回答以上的所有问题，他们就会爱上你更新后的内容。态度应该是，老板的时间是他最珍贵的资产，所以提供更新内容给他们，然后就继续做其他事。不要尝试用资料或漫无边际的谈话淹没他们。回答完他们的问题，就回去工作。

如果你的处境是需要提供一份更详细的进度报告时，你就要厘清哪3项议题是最重要的，然后专注在这3项议题上。以“必须了解的3件最重要事情是……”为起点，开始做演讲。然后就每一项重点用1～2句话提出扼要的总结。要做

到长话短说，你可以尝试着把自己想说的话对半删去。你可能会发现，自己漏失的有价值资讯其实很少，却会得到更多更加感激的听众。

## 关键思维

我喜欢截止期限。我喜欢它们飞驰经过时发出的嘶嘶声。

——道格拉斯·亚当斯，英国著名作家

长话短说显示出尊重，并且总是能激发出正面的回应。如果你想造成更大的影响，就下定决心给观众更少的话语。

——约瑟夫·麦考马克

要想做得更好，就要长话短说。

——约瑟夫·麦考马克